2021年度河南省新文科研究与改革实践项目"新文科背景下旅游管理专业建设'一六一'模式进路与实践探索"（2021JGLX090）重要研究成果、河南省本科高校课程思政样板课程"旅游市场营销"核心建设成果。

普通高等学校"十四五"规划旅游管理类课程思政版精品教材

总主编◎邓爱民

旅游市场营销

（课程思政版）

LÜYOU SHICHANG YINGXIAO

(KECHENG SIZHENG BAN)

主　编◎颜文华
副主编◎张　琼　白　奔

华中科技大学出版社
http://press.hust.edu.cn
中国·武汉

内容提要

本书是2021年度河南省新文科研究与改革实践项目"新文科背景下旅游管理专业建设'一六一'模式进路与实践探索"(2021JGLX090)重要研究成果和河南省本科高校课程思政样板课程"旅游市场营销"核心建设成果。

本书将科学性和艺术化创造顾客价值并让顾客满意作为各章内容有机衔接的主脉络,按照市场营销实践操作流程精心设计了营销理念、营销战略、营销策略和营销管控四大板块,内容具体包括旅游市场营销教与学、旅游市场营销认知、旅游市场营销环境分析、旅游市场营销战略、旅游产品策略、旅游价格策略、旅游渠道策略、旅游促销策略、旅游市场营销策划、旅游市场营销管理十大章节结构体系。

图书在版编目(CIP)数据

旅游市场营销:课程思政版/颜文华主编. —武汉:华中科技大学出版社,2023.6
ISBN 978-7-5680-9444-3

Ⅰ.①旅… Ⅱ.①颜… Ⅲ.①旅游市场-市场营销学-教材 Ⅳ.①F590.82

中国国家版本馆CIP数据核字(2023)第096738号

旅游市场营销(课程思政版) 颜文华 主编
Lüyou Shichang Yingxiao(Kecheng Sizheng Ban)

策划编辑:王 乾	
责任编辑:张 琳	
封面设计:原色设计	
责任校对:刘 竣	
责任监印:周治超	
出版发行:华中科技大学出版社(中国•武汉)	电话:(027)81321913
武汉市东湖新技术开发区华工科技园	邮编:430223
录 排:孙雅丽	
印 刷:武汉市籍缘印刷厂	
开 本:787mm×1092mm 1/16	
印 张:9.5	
字 数:220千字	
版 次:2023年6月第1版第1次印刷	
定 价:49.80元	

本书若有印装质量问题,请向出版社营销中心调换
全国免费服务热线:400-6679-118 竭诚为您服务
版权所有 侵权必究

总序
Introduction

  2014年5月,习近平总书记在北京大学师生座谈会上的讲话中指出,全国高等院校要走在教育改革前列,紧紧围绕立德树人的根本任务,加快构建充满活力、富有效率、更加开放、有利于学校科学发展的体制机制,当好教育改革排头兵。为了实现立德树人的根本任务,中央和国家有关部门出台了多项文件政策。2019年,中共中央办公厅、国务院办公厅印发了《关于深化新时代学校思想政治理论课改革创新的若干意见》,强调要整体推进高校课程思政建设,使各类课程与思政课同向同行,形成协同效应。2020年,教育部印发《高等学校课程思政建设指导纲要》,强调课程思政是高校落实立德树人根本任务的战略举措。因此,高校落实立德树人根本任务,不仅要突出思政课程的地位,更要强化专业课程的思政建设,共同构筑良好的育人课程体系,引导学生塑造正确的世界观、人生观、价值观。

  教材建设是课程思政建设的重要内容,对于落实立德树人的根本任务具有重要意义。以往的教材编写,主要侧重于专业知识的讲解,忽略了思政育人作用。即使有较好的育人素材,也没有进行很好的挖掘。基于此,为落实立德树人根本任务,进一步强化国家级一流本科专业(旅游管理)建设,中南财经政法大学旅游管理系筹划了旅游管理专业课程思政系列教材的编写。本系列教材由教育部高等学校旅游管理类专业教学指导委员会委员、湖北名师邓爱民教授担任总主编和总策划。本系列教材从结构到内容,均实现了较大的创新和突破,具有以下特点。

  一、突出课程思政主题

  本系列教材在编写过程中注重将习近平新时代中国特色社会主义思想"基因式"地融入,推进专业教育和思政教育的有机结合,用"双轮驱动"打破思政教育与专业教育相互隔绝的"孤岛效应",将价值塑造、知识传授和能力培养三者融为一体,培养学生的家国情怀、职业责任和科学精神。

  二、结构新颖

  为落实立德树人根本任务,突出课程思政教材的主题,本系列教材在结构安排上实现了创新。例如,《现代旅游发展导论》在每个章节前面列出了本章的"思政元素",

在章节正文部分，无论是案例引用，还是内容介绍，都有机融入了课程思政元素。在每章结束部分，单列了"本章思政总结"，对本章涉及的思政元素进行总结、提炼和升华，强化对学生的思政教育。

三、配套全面

本系列教材案例丰富，内容翔实，不仅有利于教师授课，也方便学生自主学习。为适应新时代高校教育模式改革，本系列教材将不断丰富配套资源，建设网络资源平台，方便旅游管理课程思政教学与经验交流。

在编写和出版过程中，本系列教材得到了华中科技大学出版社的大力支持，得到了全国旅游学界和旅游业界的大力帮助，在此一并表示感谢。希望本系列教材能够丰富课程思政教材建设，促进高素质旅游人才培养。

总主编　邓爱民

2021年9月3日

前言
Preface

现在我们所处的时代是一个充满挑战和机遇的时代。以大数据、移动互联、人工智能、虚拟现实、区块链等为代表的现代通信与信息技术不断革新,碳达峰、碳中和的目标要求全面融入经济生活,中华民族正以崭新姿态屹立于世界东方。这些改变影响着我们的世界和生活,也在不断重构旅游业。新时代的旅游市场营销需要大格局、大思路、大创新。求木之长,必固其根;欲流之远,必浚其源。优秀的旅游营销人才的培养离不开好的教材。为此,编者紧跟时代步伐,吸纳课程思政经验和教改研究成果,挖掘当代典型案例,博采众长,致力于为旅游管理专业广大教师、学生及旅游从业者奉上一本教师好教、学生好学、业界好用的营销力作。

奋楫笃行,臻于至善;行而不辍,履践致远。编者本着撰写专著、打造精品课程思政教材的理念,将科学性和艺术化创造顾客价值并让顾客满意作为本书各章内容有机衔接的主脉络,按照市场营销实践操作流程精心设计了营销理念(强化顾客价值理念)、营销战略(做好顾客价值定位)、营销策略(创新顾客价值呈现)和营销管控(实施顾客价值创造)四大板块结构体系。一方面,本书按照"顾客价值理念树立→顾客价值分析→顾客价值定位→顾客价值谋划→顾客价值赋能→顾客价值传递→顾客价值沟通→顾客价值管理"的基本脉络设置了十大章节:旅游市场营销教与学、旅游市场营销认知、旅游市场营销环境分析、旅游市场营销战略、旅游产品策略、旅游价格策略、旅游渠道策略、旅游促销策略、旅游市场营销策划、旅游市场营销管理。另一方面,按照课程教学操作流程,精心设计了教学导引(含学习目标、重点难点和素养目标)、营销感悟、实践实训等教学项目体系,还加入了营销实践、热点讨论、理论拓展、本章练习作为数字资源,为教师组织教学提供鲜活素材与方法借鉴,为学生进行课程预习和自我巩固学习提供指引。

新时代专业教材应融入思政特色,彰显时代主旋律。在思政内容选择方面,结合课程特点,主要聚焦"一二三四五"五个核心思政主题。各章教学导引中设有专门的"素养目标",阐述了本章要聚焦的思政主题和具体融入方式。同时各章设立了"营销感悟",这既是本章理论知识的深度总结,又是思政教育的全面升华。通过这些创新,希望使学生既能在联系行业动态、家国天下与生活工作中深入领会旅游市场营销的科学性与艺术性,又能在旅游市场营销理论知识巧思妙学中强化政治认同、家国情怀、道德修养与法治意识。

  为了集思广益,本书邀请了郑州科技学院张琼副教授和郑州升达经贸管理学院白奔老师作为副主编参与编写。具体分工如下:第一篇和第四篇由颜文华撰写;第二篇由白奔和颜文华撰写;第三篇由张琼和颜文华撰写;前言、附录的撰写及审稿工作由颜文华完成;本章练习、参考文献的撰写及校对工作由张琼、白奔共同完成。另外,在本书编写过程中,编者参阅借鉴了国内外大量旅游市场营销教材和著作论文等文献资料,在此向这些作者表示衷心的感谢!同时,出于教学需要,为了向广大学生呈现多元营销实践案例,反映旅游发展新动态,本书引用或转引了诸多网站及微信公众号等的有关文献。虽然标注了来源出处,但并没有一一征得原版权所有者同意。在此表示最诚挚的感谢和歉意!也欢迎大家与主编联系(yanwenhuaok@126.com)或提供更多宝贵案例素材。由于编者水平有限,教材难免存在疏漏和不足之处,恳请大家多多批评指教并向主编提出宝贵意见。

  最后,本书的出版得到了洛阳师范学院旅游管理国家级一流本科专业建设点的支持。感谢洛阳师范学院各位领导和出版社的各位编辑为本书的顺利出版所给予的支持!

主编
2022 年 7 月 31 日

目录
Contents

第一篇　营销理念篇 强化顾客价值理念

第一章　旅游市场营销教与学　/002
一、论教材　/002
二、论内容　/005
三、论教法　/006
四、论学法　/007

第二章　旅游市场营销认知　/009
一、营销学视角下的旅游市场　/010
二、旅游市场营销之"五销"　/011
三、树立旅游市场营销新观念　/013
四、遵循旅游市场营销伦理　/016

第二篇　营销战略篇 做好顾客价值定位

第三章　旅游市场营销环境分析　/020
一、旅游市场营销环境概述　/022
二、旅游市场营销宏观环境内容体系　/024
三、旅游市场营销微观环境内容体系　/028
四、旅游市场营销环境分析方法　/031
五、旅游市场营销机会捕捉路径　/033

第四章　旅游市场营销战略　　　　　　　　　　/038
　　一、旅游市场营销战略概述　　　　　　　　　/040
　　二、旅游市场定位战略　　　　　　　　　　　/042
　　三、旅游市场竞争战略　　　　　　　　　　　/046
　　四、旅游市场增长战略　　　　　　　　　　　/050

第三篇　营销策略篇　创新顾客价值呈现

第五章　旅游产品策略——顾客价值谋划　　　/054
　　一、旅游产品与产品组合　　　　　　　　　　/056
　　二、旅游产品生命周期营销策略　　　　　　　/062
　　三、旅游新产品开发策略　　　　　　　　　　/067
　　四、旅游产品品牌营销策略　　　　　　　　　/070

第六章　旅游价格策略——顾客价值赋能　　　/073
　　一、旅游产品价格概述　　　　　　　　　　　/074
　　二、旅游产品定价的过程与方法　　　　　　　/078
　　三、旅游产品定价策略　　　　　　　　　　　/082

第七章　旅游渠道策略——顾客价值传递　　　/090
　　一、旅游营销渠道概述　　　　　　　　　　　/092
　　二、旅游中间商　　　　　　　　　　　　　　/094
　　三、旅游营销渠道策略　　　　　　　　　　　/097
　　四、旅游营销渠道的管理和发展趋势　　　　　/099

第八章　旅游促销策略——顾客价值传播　　　/103
　　一、旅游促销概述　　　　　　　　　　　　　/104
　　二、旅游人员推销　　　　　　　　　　　　　/106
　　三、旅游公共关系　　　　　　　　　　　　　/109
　　四、旅游营业推广　　　　　　　　　　　　　/111
　　五、旅游广告宣传　　　　　　　　　　　　　/112
　　六、智慧旅游促销方式　　　　　　　　　　　/115

第四篇 营销管控篇 实施顾客价值创造

第九章 旅游市场营销策划 /120
- 一、旅游市场营销策划概述 /122
- 二、旅游市场营销策划方案 /123
- 三、旅游市场营销策划人员的素养 /126

第十章 旅游市场营销管理 /128
- 一、旅游市场营销管理过程 /129
- 二、旅游市场营销计划的管理 /131
- 三、旅游市场营销组织 /134

附录　国内旅游营销经典荟萃 /137

参考文献 /138

第一篇

营销理念篇
强化顾客价值理念

第一章
旅游市场营销教与学

教学导引

学习目标：认识旅游市场营销知识体系，掌握旅游市场营销的教与学，为本课程学习奠定基础。

重点难点：旅游市场营销内容体系、教学方法。

素养目标：本章素养目标主要聚焦引导学生注重创新创意。本章讲授学时短，在小结时可以引导学生讨论中国旅游教材的现状与问题，强化学生创新意识。

旅游市场营销有哪些代表性教材，各主要代表性教材编写特征和内容体系有何差异？本章首先通过梳理近几年代表性教材，让学生在比较中更好地理解旅游市场营销知识体系。然后分别从旅游市场营销课程的教法和学法方面进行探讨，便于师生共同配合建构良好学习环境，顺利高效地完成本课程学习。

一、论教材

（一）旅游市场营销代表性教材评析

目前旅游市场营销教材很多，如由菲利普·科特勒等著、清华大学出版社2017年出版的国际引进版教材《旅游市场营销》(第6版)，由苏健主编、中国传媒大学出版社2017年出版的"十三五"普通高等院校旅游与酒店管理专业能力本位(CBE)规划教材《旅游市场营销》，由胡海胜主编、中国旅游出版社2018年出版的中国旅游业普通高等教育"十三五"应用型规划教材《旅游市场营销教程》，由李博洋主编、清华大学出版社2019年出版的旅游管理专业应用型本科规划教材《旅游市场营销》(第二版)，由廖钟迪主编、华中科技大学出版社2020年出版的全国高等院校旅游管理类应用型人才培养"十三五"规划教材《旅游市场营销》，由吴旭云主编、上海交通大学出版社2020年出版的高等院校休闲与旅游专业规划教材《旅游市场营销》，由王宁等主编、清华大学出版社2021年出版的高等职业教育旅游类专业新专业教学标准系列教材《旅游市场营销实务》，由赵西萍主编、高等教育出版社2020年出版的普通高等教育"十一五"国家级规划教材《旅游市场营销学》(第三版)，由沈雪瑞等编著、中国人民大学出版社2022年出版的中国旅游业高等教育教材《旅游市场营销》(第3版)等,这些代表性教材有的将顾客价值与顾客满意贯穿全书,有的内容体现营销前沿,有的充分呈现教学环节,有的注重融入课程思政,这些都为本书编写提供了有益借鉴。

通过对近几年代表性教材的梳理,发现现有本课程教材有以下几方面需要改善:一是部分教材重视营销理论的阐述、营销方法的分析,但最新旅游业营销案例较少,营销的应用性、实战性相对薄弱。二是部分教材注重从教学视角呈现,精心设计各种教学环节内容,但理论体系不太完整,难以呈现市场营销全环节、全流程,而且存在理论不深入现象。三是部分教材注重融入营销新理论、新内容,但章节体系不甚合理,营销核心内容阐述不深入。四是部分教材注重素质目标,但毕竟旅游市场营销如何有机融入素质目标是一个新课题,融入方式、融入视角等都值得商榷。

(二)本书撰写基本思想

1. 凸显课程思政融入

课程思政在本质上是一种教育,目的是实现立德树人,课程思政不是新课程类型,也不是额外植入思政教育内容,而是以思政内容作为引领,自觉、自然、规范、有效地呈现专业课程内含的价值观念,即"课程承载思政、思政寓于课程"。课程思政是以德立身、以德立学、以德施教的教学形式与方法。本书注重引导学生成长、成才、成功,做"经师"和"人师"。围绕四大板块、十大章节营销理论知识与技能,通过在教学导引中增设思政融入推荐等方式,有计划、有重点地融入思政主题。

在思政内容选择方面,结合课程特点,主要聚焦五个核心(表1-1)。致力于章章有思政主题、节节有思政元素、每个板块有思政关键词、各教学环节有思政色彩。字里行间中渗透思政教育,使学生既能在联系行业动态、家国天下与生活工作中深入领会旅游市场营销的科学性与艺术性,又能在旅游市场营销理论知识巧思妙学中强化政治认同、家国情怀、道德修养与法治意识。

表1-1 "旅游市场营销"课程思政五个核心内容

融入主题	主要内容
一个宏伟目标	实现中华民族伟大复兴的中国梦
两个维护	坚决维护习近平总书记党中央的核心、全党的核心地位,坚决维护党中央权威和集中统一领导
三观教育	树立正确的世界观、人生观、价值观
四个自信和四个意识	坚定中国特色社会主义道路自信、理论自信、制度自信、文化自信,增强政治意识、大局意识、核心意识、看齐意识
五爱教育	爱党、爱国、爱社会主义、爱人民、爱集体

在思政融入教学设计方面,结合教学环节和教学考核,主要聚焦六大路径(表1-2),做到润物无声。行业新闻述评、课程实践实训在平时成绩考核中占70%,其他课堂教学环节都纳入平时考核范围,学生思政情况纳入重要考核标准。

表1-2 "旅游市场营销"课程思政六大路径

序号	课程思政融入路径
路径1	从行业新闻述评中融入思政教育
路径2	从专业知识阐述中融入思政教育
路径3	从热点专题讨论中融入思政教育
路径4	从行业案例分析中融入思政教育
路径5	从课程章节总结中融入思政教育
路径6	从课程实践实训中融入思政教育

围绕引导学生课前预习、课堂讨论互动、课后巩固、专题训练等教学内容,全环节融入思政教育,充分发挥本课程近几年全年给不同专业开课的机会,充分进行改革创新与检验修正,已经形成了效果明显的融多维教学目标、多元教学方法、多样教学设计于一体的"一三五五"课程思政教学模式。

"一个核心育人目标":聚焦立德树人核心目标,实现学专业知识明智与育思想品德立德互为促进。

"三个课程思政板块":"焦点访谈"板块——组织学生在课堂开展针对时政新闻和社会热点问题的营销视角下的阐释,例如对中国经济"内循环"战略意义和对旅游营销影响。"头脑风暴"板块——组织学生对专业知识的思政延伸进行课堂讨论,例如结合市场定位理论知识阐述对人生定位或职业定位的理解。"活学活用"板块——引导学生将专业理论知识运用于自身生活与职业规划,例如运用市场增长理论知识,阐述中国梦的战略意义和中国梦中的个人梦。

"五个核心聚焦":思政融入内容选择方面,主要聚焦一个宏伟目标、两个维护、三观教育、四个自信与四个意识、五爱教育。

"五个灵活运用":在课程思政教学方法运用方面,灵活运用营销案例悟思想、营销新闻评行为、名人名句学哲理、图片视频触心灵、生活日常忆党史,做到在风趣幽默中、在激情澎湃中、在心有灵犀中、在感人肺腑中让专业学习与思政教育有机融合。

2.凸显课程教学呈现

教材编写不同于著作撰写,教材应充分让教师好教、学生好学、业界好用。本书强调从教与学的视角,一方面按照市场营销实践操作流程精心设计营销理念、营销战略、营销策略和营销管控四大板块课程章节结构体系,便于教师能用简单语句建构整体教学框架并组织相应教学,也便于学生理解营销知识体系内在联系。另一方面按照课程教学操作流程,结合章节内容精心设计了教学导引(含学习目标、重点难点和素养目标)、营销感悟、实践实训、本章练习等教学项目体系,还加入了案例导入、营销实践、热点讨论、理论拓展作为数字资源,为教师组织教学提供资料参考与方法借鉴,为学生进行课程预习和自我巩固学习提供指引和素材。同时,本书本着理论够用、有用、好用原则,注重用实例来阐述营销理论、用理论来解释旅游行业营销行为。便于教师用丰富的案例充实课堂教学,让学生更容易学习理论知识。

3. 凸显旅游发展动态

旅游市场营销是应用性、实践性很强的课程，教材应多使用旅游行业案例，而非其他行业案例来分析论证，多元呈现最新旅游行业营销新方式、新实践。本书做到所有营销实例全部为旅游业实例，并在各篇章注重引入当前具有代表性的旅游业营销举措，反映文旅、文创融合发展新动态。

营销理念篇引导学生关注旅游业的整合营销、定制营销、精准营销、跨界营销等新理念、新举措。营销战略篇引导学生既要关注百年未有之大变局和中国新理念、新阶段和新格局给旅游业带来的新机遇和新挑战及大型文旅集团战略新布局，又要关注疫情影响下旅游中小微企业生产之道。营销策略篇引导学生关注创新驱动顾客价值重构视角下的旅游新业态、新产品、新渠道、新促销。营销管控篇引导学生关注"Z世代"营销队伍管理新模式、激励新机制。

4. 凸显顾客价值主脉络

本书精心将科学性和艺术化创造顾客价值并让顾客满意作为本书各章内容有机衔接的主脉络。全书按照"顾客价值理念树立→顾客价值分析→顾客价值定位→顾客价值谋划→顾客价值赋能→顾客价值传递→顾客价值沟通→顾客价值管理"的脉络组织本课程主要章节。

二、论内容

（一）现有教材内容体系分析

纵观现有旅游市场营销主要版本教材，本课程教学核心内容主要包括旅游市场营销核心概念、旅游市场营销观念、旅游市场营销环境分析、以STP战略为主的旅游市场营销战略、旅游市场营销4P策略、旅游市场营销管理等。部分教材设立了旅游景区营销、旅游酒店营销、旅游目的地营销等几个具体应用板块。部分教材将营销观念进行了拓展，将营销新观念单独设为一章。部分教材将旅游市场营销环境进行拓展，单独设立了旅游者购买行为、旅游市场调研两章内容。部分教材将旅游促销新方式单独设为一章，如网络营销、直复营销等。在旅游市场营销战略部分，有些教材只有市场定位战略，有些教材还包含市场竞争战略、市场增长战略。部分教材将旅游营销前沿单独设为一章，将旅游业发展新动态纳入其中。

（二）本书内容体系阐述

根据上述分析，本书在内容体系方面进行了局部创新，设立了四大板块、十大章节。具体内容如下。

营销理念篇——强化顾客价值理念
 第一章　旅游市场营销教与学
 第二章　旅游市场营销认知
营销战略篇——做好顾客价值定位
 第三章　旅游市场营销环境分析（包含营销环境内容体系、环境分析方法、机会

捕捉路径)

  第四章 旅游市场营销战略(包含战略概述、定位战略、竞争战略、增长战略)

营销策略篇——创新顾客价值呈现

  第五章 旅游产品策略——顾客价值谋划
  第六章 旅游价格策略——顾客价值赋能
  第七章 旅游渠道策略——顾客价值传递
  第八章 旅游促销策略——顾客价值传播

营销管控篇——实施顾客价值创造

  第九章 旅游市场营销策划
  第十章 旅游市场营销管理

  本书体系有如下特点：一是充分体现顾客价值和顾客满意这一主脉络；二是聚焦核心知识体系，在章节内容方面，考虑到学时约束下的教师教学和学生学习便利性，本书对市场调研、顾客消费行为分析等内容进行了删减。

三、论教法

(一)代表性教学方法简述

  关于高等教育教学方法，除传统的课堂讲授法外，比较典型的几种方法是案例分析教学法、项目驱动教学法和角色扮演教学法等。

  案例分析教学法由美国哈佛商学院所倡导，有利于促使学生综合运用理论知识分析解决企业中的实际问题，但同时也要求学生具备比较扎实的专业理论基础和较强的表达能力。由于诸多原因，该方法在我国课程教学中的运用没有国外那么普遍，重视程度不高。

  项目驱动教学法有利于学生一边学理论一边做实践，即学中做、做中学。通过完成项目的过程，学生可以对课程的整体知识结构形成更深层次的理解，但适应的课程范围有限，而且由于受班级规模较大等因素影响，教师难以对每一个项目进行指导，因而操作难度较大，实际效果会因此受到很大影响。

  角色扮演教学法容易激发学生学习兴趣，在换位思考、体验企业运作方式方面具有较好效果，但也存在与项目驱动教学法类似问题，而且由于受实践经验制约，在扮演较高层次的经营管理者方面存在难度，往往用在较低层次的经营管理者和服务人员方面的简单扮演。

  基于上述原因，这些方法通常只是当作传统讲授法的补充教学手段，用于部分课程、部分章节、部分学生，占据部分课时。而且在引导学生进行创造性思维方面显得明显不足，以至于部分高校学生在课堂上缺乏质疑、创新精神。

(二)三轮驱动教学法

  三轮驱动教学法是指教师借助现代多媒体技术和线上各类教学资源，融合传统教学法、案例分析教学法、项目驱动教学法和角色扮演教学法等，通过知识贯通与建构、理论拓展与争鸣、理论运用与创新三轮层层驱动的教学环节帮助学生建构某门课程的理论知识体系,引导学生进行理论争鸣,并将理论灵活运用于行业实践中,甚至在实践中进行理论创新的一种教学方法。

这种方法的有效实施,依赖于教师由"主演"向"导演"的转换,并要积极地提升自己对所教课程的横向和纵向理解度,对本课程理论前沿与行业动态较为熟悉,不再是非专业教师迫于教学需要,半路出家,凭着两三本教材就可以走上讲台。三轮驱动教学法内容体系与操作细节具体如表1-3所示。

表1-3 三轮驱动教学法内容体系与操作细节

教学环节	教学内容	教学过程	教学课时
知识贯通与建构	教材中本章(节)知识体系及其主要内容	a.多媒体展示知识体系图; b.引导学生在教材中寻找具体内容; c.教师适当解释(传统课堂讲授法)	约占总课时的1/6
理论拓展与争鸣	其他文献中的本章(节)知识体系 与教材不同的代表性观点; 教师自己归纳出的知识体系及其主要内容; 学生自己归纳形成的观点	a.多媒体展示各种不同知识体系图及其主要观点; b.教师引导学生进行对比分析; c.教师阐明自己观点; d.引导学生形成自己的观点	约占总课时的1/2
理论运用与创新	本章理论知识的检验、运用与创新	a.行业内相关新闻导读; b.设置相关案例进行分析; c.设置企业调研小型任务并在课堂上汇报调研结果; d.引导学生进行课外科技创新、专业学术论文撰写	约占总课时的1/3

四、论学法

(一)为什么要学好市场营销

生活处处有营销,菲利普·科特勒强调营销是通往成功之路。营销之于个人,一言一行皆营销。学好市场营销,于小处可以辨别营销现象,减少上当受骗和盲目冲动消费;于大处可以训练营销思维,让生活因营销策划而更顺利更美好。营销之于企业,一物一事皆营销。用活市场营销,于小处可以塑造企业形象,减少产品积压和盲目冲动投资;于大处可以塑造知名品牌,让企业因营销策划而做大做强做优。

(二)如何学好旅游市场营销

旅游市场营销是市场营销在旅游业的具体应用。要学好旅游市场营销,需要做到

"四多"。

一是多学习。要广泛阅读各类营销书籍和期刊,如阅读市场营销相关期刊,如《销售与市场》等;多浏览代表性营销网站,如中国营销策划网、中国营销网等。

二是多思考。善于运用营销知识分析生活中遇到的各种现象和场景,如"双十一"促销、面试、学生活动策划等。

三是多讨论。积极关注旅游业发展动态,多反思旅游业重大事件并与同学互相交流讨论,多阅读《中国旅游报》、浏览中国旅游新闻网等。

四是多实践。积极尝试对学校所在地旅游市场进行调研,撰写调研报告,甚至帮助某一企业制定一份营销方案等。

奋楫笃行、臻于至善,近年来旅游市场营销教材版本多样、层出不穷,教材质量不断提高。广大同仁一直都致力于向广大师生呈现教师好用、学生好学的经典教材。本书的出版也是吸收百家之长,希望能百尺竿头更进一步。不管怎样,路漫漫其修远,吾将上下而求索。

 实践实训

1. 请列举出一批有代表性的旅游市场营销相关的微信公众号、微博、网站等。
2. 请到学校图书馆借阅或者购买旅游市场营销相关的书籍与期刊。

第二章
旅游市场营销认知

教学导引

学习目标：熟悉市场概念,掌握旅游市场组成要素,能准确区分市场营销相关概念,理解各类市场营销观念,体会树立正确的市场营销观念并遵循应有的营销伦理之意义。

重点难点：旅游市场组成要素、市场营销观念之演变。

素养目标：本章素养目标主要聚焦社会主义核心价值观,引导学生成为社会主义核心价值观实践者和接班人。在讲授市场营销本质时,融入爱国、敬业、诚信、友善核心价值观教育和甘于奉献道德修养;在讲授社会营销观念时,融入自由、平等、公正、法治核心价值观教育,可以组织讨论营销观念与社会主义核心价值观联系;在讲授绿色营销观念时,让学生进行生活反思,引导学生践行"两山"理论,培养勤俭节约和保护生态环境思想。

案例导入

又潮又飒的中国文化何以赢得青睐

2021年中国国际服务贸易交易会(简称"服贸会")9月2日至7日在北京顺利举办。本次服贸会首次将文化服务和旅游服务合并为文旅服务专题,围绕"科技赋能新文旅,创意引领新生活"主题,采取线上线下同步方式,通过展览展示、论坛活动、推介交易等集中展示文化产业和旅游业的新产品、新技术及文化贸易的新服务、新业态。文旅专题线下展览位于首钢园1号、2号、3号馆,包括"文化新动能""文旅新品质""体验新时尚"和"消费在行动"4个主题展区,共8个单元、27个专题。

包装上印有《觉醒年代》剧中形象的红砖冰激凌、含有中医药材的咖啡、从传统年画获取灵感的8K影片《门神》……中国元素与时尚潮流的结合、传统文化与现代科技的碰撞在2021年服贸会首钢园文旅服务展馆内处处可见。

一批"守得住经典,当得了网红"国货走俏的背后,是创新力的提升,是年轻人对国潮消费品的认可,更是文化自信的彰显。

国产品牌释放的经济、社会、文化价值日益凸显。商务部数据显示,2021年上半年,有关电商平台"618"促销活动期间,国产品牌销售额占比超过70%。首钢园区内,前往非遗文化体验基地、陶瓷艺术馆的人们络绎不绝。越来越多的国货成为网红,成为"95后""00后"的首选。诸多老字号跨界破圈,跟年轻人玩到一起,满足多层次、个性化的消费需求,让老品牌焕发新活力。

中国医药、中国科技、中国制造……中国风潮不仅赢得国人的青睐,更在不断创新发展中走出国门,让更多人了解又潮又飒的中国文化。

(整理自郝晓静、叶昊鸣的《中国文化,又潮又飒》,略有改编)

思考: 中国文化为何赢得广泛青睐,该如何做大、做精、做强文旅文创产业,形成知名品牌?

生活处处有营销,无论是有意,还是无心,任何组织或个人都表现出各种各样的营销行为。营销是通往成功的"护照",如果能自觉将营销理论知识运用在生活、学习和工作中,会更为顺畅、更为高效。今日之市场绝非昨日之市场,成功的市场营销绝非偶然,需要树立正确的营销观念、遵循应有的营销伦理,进行科学谋划和有效实施。

一、营销学视角下的旅游市场

(一)市场的概念

市场是社会分工和商品经济的产物,哪里有商品生产和交换,哪里就有市场。从传统视角来看,市场就是商品交易场所,即买卖双方聚集在一起进行商品交换的实地场所。如集市、商场、商品批发市场等。从经济学视角来看,市场就是相对政府而言的"一只看不见的手",是"自由放任"秩序,体现的是通过交换反映出来的供求关系。从营销学视角来看,菲利普·科特勒认为市场就是可能与卖者交易的现实的和潜在的买者所构成的集合。因此,市场就是指具有特定需要和欲望,而且愿意并能够通过交换来满足这种需要或欲望的全部现实的或潜在的顾客,简而言之,市场就是消费者。对旅游市场而言,它就是对某一种、某一类旅游产品具有需求的旅游消费者,如游客、酒店宾客等。

(二)旅游市场的组成要素

某旅游产品有没有市场、市场规模有多大,这与旅游市场的组成要素有关。旅游市场由人口(有人)、购买力(能买)、购买意愿(想买)、购买权利(可以买)四方面要素构成,旅游市场的组成要素可用如下公式表示:

旅游市场=人口×购买力×购买意愿×购买权利

1.人口

旅游消费者是旅游市场存在的基础,如果没有旅游消费者,旅游市场就无从谈起。旅游市场中的人口因素不仅包括总人口数,还包括性别、年龄、职业及地理分布等人口特征。一般来说,市场覆盖范围内人口越多,旅游市场开发潜力会越大、市场规模也会越大。

2. 购买力

购买力是指上述人口是否具备付出货币购买旅游产品的能力。市场覆盖范围内人口只有具备足够旅游购买力才可能成为旅游消费者。旅游购买力往往会受一个国家或地区的社会经济发展水平(如GDP和居民可支配收入等)的影响,因此发达国家往往成为世界各地主要旅游客源国。随着经济水平的显著提升,我国也逐渐成为世界各地竞相吸引的国际客源国,我国经济较为发达的东部地区则往往成为国内各旅游目的地竞相争取的旅游客源。

3. 购买意愿

购买意愿是指上述人口是否愿意购买旅游产品,这是形成现实旅游市场的动力。旅游购买意愿通常与旅游产品自身吸引力、旅游促销等因素有关。因此,各地要扩大旅游市场规模,既需要苦练内功,开发有特色的旅游产品、提供有品质的食、住、行、游、购、娱等旅游服务,又需要创新促销方式、提升促销效果,从而激发旅游购买意愿。

4. 购买权利

购买权利是指上述人口是否具备参与旅游消费除购买能力外的其他约束条件,比如有空闲时间、有基本的身体素质等。由于旅游消费是需要发生位置移动(从一个地方到另一个地方)的,可能受到诸如闲暇时间、基本身体素质、特殊政策的影响。如年老体弱者、晕船晕车者即使渴望外出旅游,恐怕难以成行。我国正在不断优化节假日、带薪休假等制度,致力于让更多人享有旅游购买权利。

营销实践 1

二、旅游市场营销之"五销"

(一)旅游市场营销的概念

市场营销(marketing)简称"营销",可从以下两个视角来理解:第一是从学科视角来理解,是指市场营销学或营销学,即通过创造、交付和传播优质的顾客价值来获得顾客、挽留顾客和提升顾客的一门科学和艺术;第二是作为一种管理活动或行为,美国市场营销协会(American Marketing Association, AMA)认为"marketing is the activity, set of institutions, and processes for creating, communicating, delivering, and exchanging offerings that have value for customers, clients, partners, and society at large"(Approved July 2013),即市场营销是一项有组织的活动,包括创造、沟通、传播和交换产品,并为顾客、客户、合作伙伴以及整个社会带来价值的一系列过程。被誉为"现代营销学之父"的菲利普·科特勒认为,市场营销是个人和群体通过创造产品和价值并同目标客户进行交换以获取所需所欲的一种社会管理过程。从这些定义可以总结出以下几点。

第一,市场营销是关于顾客价值创造与顾客关系管理的一门艺术与科学。

第二,市场营销是满足顾客需求并因此获得利润的一项战略管理活动。

第三,市场营销本质上是创造顾客价值和顾客满意的一系列动态管理过程。

旅游市场营销是市场营销理论在旅游业的具体运用,从学科视角来看,旅游市场营销是经济学、心理学、社会学、管理学以及营销科学与工程等相关学科对旅游行业发展不断渗透而形成的应用型学科。旅游市场营销作为一项管理活动或行为,是指营销主体通过一系列的营销手段使其旅游产品能够满足旅游消费者的需求,并最终实现自

理论拓展 1

身盈利目标的活动和管理过程。旅游市场营销主体是欲望的唤起者、需求的创造者和生活方式的倡导者，需要不断发现旅游需求、满足旅游需求，并要适时引领旅游需求、创造旅游需求。

（二）营销与销售

营销既包括产品生产前的市场调研与环境分析、市场细分与目标市场选择、产品设计与开发等，也包括产品生产后的产品包装与品牌打造、产品价格与营销渠道选择、产品传播等销售策略的制定，还包括产品销售后的顾客关系维护等。销售更多指产品生产后的一些营销管理行为。可以说营销包含销售，销售只是营销中一项具体管理职能或行为过程。

（三）营销与促销

营销包含促销，促销只是营销具体策略之一。美国著名的营销学大师杰罗姆·麦卡锡在1960年出版的《基础营销学》一书中将市场营销的主要内容概括为4P理论，即产品（product）策略、定价（price）策略、渠道（place）策略和促销（promotion）策略。正如前文所提市场营销是一系列动态管理过程，菲利普·科特勒在1967年出版的《市场营销管理——分析、计划与控制》一书中提出，市场营销管理过程包括分析市场营销机会，进行营销调研，选择目标市场，制定营销战略和战术，制订、执行及调控市场营销计划。

（四）营销与推销

推销是促销组合中的一种促销方式，因此，推销只是营销冰山上的一角而已。管理学家彼得·德鲁克认为，推销往往是需要的，然而市场营销的目的却是使推销成为多余。理想的市场营销就在于深刻认识和了解顾客，从而使产品完全适合特定顾客的需要，实现产品的自我销售。美国哈佛大学莱维特教授认为，推销的着眼点是卖方的需要，而营销的着眼点是买方的需要。推销关注的是卖方需要将其产品转化为现金；而营销所考虑的则是通过该产品以及通过与该产品的创制、交付及其最终消费相关联的一整套工作的开展去满足消费者的需要。

（五）营销与传销

市场营销强调首先要满足别人，即为顾客创造价值、让顾客满意，然后利润才会随之而来。市场营销的科学性就在于获取利润取之有理有道、取之合规合法。而传销是一种违法行为，要求参加者以缴纳费用或者购买商品、服务等方式获得加入资格，并按照一定顺序组成层级，直接或者间接以发展人员的数量作为返利依据，引诱、胁迫参加者继续发展他人参加，骗取财物。传销不仅不以为顾客创造价值为获利方式，反而是以损害他人利益甚至是限制人身自由和危害生命来获取不当利益。因此，要坚决打击传销，保护人民利益。随着社会对传销行为的不断打击和曝光，传销形式越来越隐蔽，但无论何种形式传销，其本质都是庞氏骗局，即将后来者的钱作为前面人的收益，这会对个人和社会造成不良的影响，影响社会的安定和谐发展。

热点讨论 1

三、树立旅游市场营销新观念

(一)代表性营销观念及其演变

"市场营销观念"英文为"marketing concept/philosophy",是企业的经营指导思想或营销管理哲学,是营销主体在经营活动中所遵循的一种经营观念、一种管理导向。市场营销观念决定了营销主体如何看待顾客和社会利益,如何处理企业、社会和顾客三方的利益协调,可以说有什么样的营销观念就会表现出什么样的营销行为。在市场营销发展历程中,先后经历了从最初的生产观念(production concept)、产品观念(product concept)、推销观念(selling concept),到市场营销观念(marketing concept)和社会营销观念(social marketing concept)的发展和演变过程。前三者主要关注旅游企业自身,称为传统营销观念;后两者由关注旅游企业自身转向主要关注旅游消费者,称为现代营销观念。

1. 生产观念

生产观念盛行于19世纪末20世纪初,整个社会生产力水平落后,各类产品供给短缺,市场状态表现为供不应求。该观念认为消费者喜欢那些可以随处买到和价格低廉的商品,企业应当组织和利用所有资源,集中一切力量提高生产效率,扩大分销范围,增加产量,降低成本。这种观念本质上属于以产品数量取胜,适用于产品非常短缺、供不应求的情况,可谓"皇帝的女儿不愁嫁",其典型表现就是"我们生产什么就卖什么",不用担心产品卖不出去,只担心产品数量上不来。在生产观念的影响下,产品供给不断增加,可用于消费的产品数量大幅提升。

2. 产品观念

随着社会生产力水平的不断提升,市场供不应求局面得到了有效缓解,消费者开始对产品有了较大选择空间,不由自主出现了"挑肥拣瘦、挑三拣四"的消费行为。该观念认为质量好、性能好、有特色的产品更受消费者欢迎,企业应注重产品质量、功能和特色,致力于生产优质产品,并不断精益求精,日臻完善。这种观念本质上属于以产品质量取胜,适用于产品供给有了基本保障的情况,其典型表现就是"酒香不怕巷子深"。在产品观念的影响下,产品质量不断优化,可用于消费的产品类型与品质逐渐提升。但该观念也容易引起企业过分重视产品而忽视顾客需求,最终导致"市场营销近视症"(marketing myopia)。

3. 推销观念

在生产观念和产品观念的影响下,产品数量与质量都有了显著提升,在20世纪30—40年代,市场状态逐渐由卖方市场向买方市场过渡,推销观念成为主流市场营销观念。该观念认为,消费者通常具有购买惰性或抗衡心理,不会主动购买、大量购买某一企业的产品,因此企业不能坐等顾客上门购买,应积极推销和大力促销,以诱导消费者购买产品。这种观念本质上属于以强力推销取胜,可谓"有饵便有游鱼来",其典型表现是"我卖什么,就设法让顾客买什么"。在推销观念影响下,消费者有机会更好地了解产品信息,购买所需产品,但也不可避免地出现了强制性购买、低效应消费等现象。因为,推销观念与生产观念、产品观念一样,也是建立在以企业为中心的"以产定销"模式,出发点都是企业自身,没有站在消费者视角分析顾客需求。

4. 市场营销观念

20世纪50年代,随着社会生产力的全面提升,市场状态开始转向供过于求的买方市场,市场竞争异常激烈,以顾客需求为导向的市场营销观念成为主流营销观念。该观念认为,要想在市场中处于优势地位,企业应注重市场调研,正确确定目标市场的需要和欲望,并且一切以顾客为中心,比竞争对手更好地满足顾客需求。这种观念本质上属于以满足顾客需求取胜,可谓"顾客就是上帝",其典型表现是"顾客需要什么,我就生产什么"。市场营销观念的产生,是市场营销哲学的一次质的飞跃和革命,它改变了传统的"以企业资源为中心,以企业需求为导向"的逻辑思维方式,形成了关注顾客需求、顾客价值和顾客满意度等真正具有现代意蕴的市场营销逻辑思维。在市场营销观念的影响下,"顾客至上"成为许多企业的经营理念,以顾客需要为中心、以市场需求为导向的"以销定产"模式被越来越多的企业所采用。因此,市场营销观念的出现成为传统营销观念与现代营销观念的分水岭。但是,顾客并不是十全十美的,有些顾客的消费行为可能有违公序良俗、有违法律法规,有损自身健康、有损社会利益。面对顾客这些需要与欲望,有良知的企业显然不能一味迎合顾客、盲目满足顾客需求。

5. 社会营销观念

从20世纪70年代起,随着全球环境破坏、资源短缺、通货膨胀和忽视社会服务等问题日益严重,"可持续发展"一词开始频见于各种国际会议和文件报告中,要求企业顾及消费者长远利益和社会公众长期利益的呼声越来越高,社会营销观念作为对市场营销观念的补充和修正逐渐成为主流市场营销观念。此观念以社会长远利益为中心,兼顾企业、消费者和社会三方利益的均衡与可持续发展。在新的市场环境背景下,企业要想实现可持续发展,既要满足消费者的长远利益,服务于消费者的可持续发展;又要满足社会公众的长期福利,服务于人类社会的可持续发展。这种观念本质上属于以满足可持续发展取胜,可谓"多方合力救地球"。在这种观念的影响下,各企业根据企业运营需要,因势利导地选择绿色营销、关系营销、跨界营销、网络营销等各类新型营销观念与营销策略。

热点讨论2

(二)现代旅游营销观念创新

当前旅游业面临的国内外环境发生了重大变化,就国际看,当今世界正经历百年未有之大变局,不稳定性不确定性明显增加;就国内看,在全面建成小康社会之后,开启全面建设社会主义现代化国家新征程,坚决贯彻创新、协调、绿色、开放、共享的新发展理念,着力构建以国内大循环为主体、国内国际双循环相互促进的新发展格局。我国旅游业自身也转入高质量发展新阶段,旅游营销需要深刻认识新矛盾与新挑战,辩证认识新机遇与新动力,锐意推动营销创新,更好地发挥营销观念对营销管理行为的促进作用。

1. 绿色营销观念

绿色营销观念是在当今社会生态环境破坏、资源浪费严重、人类生存与发展面临自然环境威胁日趋频繁的背景下形成的新型营销观念。该观念强调企业应在产品设计、生产、销售等整个营销过程中都要注重人地关系和谐,做资源节约型和环境友好型企业。

开发绿色旅游产品,进行绿色旅游运营,引导绿色旅游消费,发展绿色旅游产业成为旅游业贯彻绿色营销观念的核心举措。绿色营销观念追求经济效益、社会效益和生态效益的统一,有助于为游客提供有利于环境保护和身心健康的旅游产品,为旅游目的地推广有助于资源节约、环境友好、遗产保护的旅游运营方式,是现代旅游营销活动的理想选择。

2. 智慧营销观念

智慧营销观念是在当今互联网技术(物联网、车联网、移动互联网等)、信息通信技术(云计算、大数据、5G、量子计算等)、人工智能技术(群体智能、人机混合智能、跨媒体推理等)、虚拟现实技术(VR、AR、MR等)等现代科技飞速发展背景下形成的新型营销观念。该观念强调市场营销主体应对现代科技具有高度敏锐性,让重大相关新技术成为现代营销工具,充分发挥现代科技在市场调研与细分、营销环境分析、产品设计、新媒体促销等市场营销诸环节中的作用,做运营智慧型和产品时尚型企业。

运用"互联网+""人工智能+""大数据+"等智慧手段,开发旅游新产品、发展旅游新业态、延伸智慧旅游产业链,创新传统媒体营销、用活新媒体营销,引导旅游消费者进行在线定制、在线预约等智慧旅游消费,成为旅游业推行智慧营销观念的核心举措。智慧营销观念追求现代科技与旅游营销的全面融合,借助科技手段,将旅游全部领域、全体员工、全体旅游者进行智慧链接,让全域营销、全员营销、口碑营销、新媒体营销和创意营销等插上科技翅膀,释放更大价值。如河南卫视利用3D、VR、AR等现代科技,从《唐宫夜宴》《纸扇书生》到《洛神水赋》,再到《中秋奇妙游》,呈现的节日奇妙游系列节目备受关注,频频登上网络热搜,节日奇妙游系列节目走红带动文化旅游发展的模式也引发业内热议。

营销实践 2

3. 文化营销观念

随着社会的不断进步,消费者不仅关注产品的使用价值,而且更加注重产品的情感价值、文化价值,文化营销观念应运而生。文化营销观念强调市场营销主体应重视营销的文化品位和特色个性等文化内涵,善于将文化因素运用于营销活动中,来获取市场优势。此观念认为产品不仅是具有某种使用价值的物品,还凝聚着审美价值、知识价值、社会价值等文化价值内涵,企业营销活动应尊重人的高层次精神需求,创造性借力文化势能和消费升级,不断提升创新能力和品质能级,使品牌和产品焕发生机与活力。

随着文化和旅游的深度融合,旅游业奉行文化营销观念具有重要意义。旅游目的地或旅游企业应主动借助或适应不同特色的环境文化开展营销活动,综合运用文化因素策划出富有文化特色的市场营销组合,塑造具有鲜明个性与特色文化内涵的旅游品牌。如河南博物院的"失传的宝物"考古盲盒、四川广汉三星堆博物馆的三星堆考古盲盒、陕西历史博物馆的青铜小分队系列盲盒等火爆网络,开启传统文化的"破圈之旅",实现传统文化与时代需求同频共振。国潮文创月饼、减糖无油月饼、异形月饼、螺蛳粉月饼等一改传统月饼重油重糖、款式陈旧、口味单一等"脸谱"标签,在创意、健康、造型、口味上多元创新以触达"Z世代"就是文化营销成功范本。

四、遵循旅游市场营销伦理

(一)遵循市场营销伦理的原因

营销伦理(marketing ethics)是商业伦理学的一个应用分支,是指各营销主体从事各种营销行为时应遵循的基本道德准则和行为规范。企业开展市场营销活动应注重营销伦理水平的提升,在营销伦理约束下科学运用现代营销理念、技术与策略去开展营销工作,获取市场竞争优势。但不少企业为了追逐短期利益,在营销中采取各种卑劣的手段,投机钻营,造成营销伦理的严重丧失。如网络平台评论"灌水"诱导旅游消费者下单,恶意爬虫生成旅游大数据进行二次营销,OTA(在线旅行服务商)杀熟等;还有一些旅游目的地或企业热衷于低俗涉黄促销等,这些营销伦理失范带来的重大负面效应具体表现在以下方面。

第一,有损旅游消费者和社会利益,可能带来巨大社会负面影响。

第二,扰乱正常市场秩序,可能加剧不公平市场竞争。

第三,损害文化和旅游形象,可能助长社会不良风气。

第四,给旅游营销主体自身带来品牌信誉危机。

(二)旅游市场营销伦理失范的主要类型

按照旅游市场营销主要内容,营销伦理失范主要分为以下几种类型。

1. 市场调研伦理失范

市场调研伦理失范具体表现为运用现代技术恶意获取旅游消费者信息,通过市场调研获取的旅游消费者个人隐私信息保护不当,旅游消费档案信息对外泄露与不当使用等。

2. 产品策略伦理失范

产品策略伦理失范具体表现为旅游产品以次充好、质量欺诈,旅游服务存在道德缺陷、游离于法律道德边缘,旅游产品或品牌照搬照抄、恶意竞争等。

3. 价格策略伦理失范

价格策略伦理失范具体表现为各种低价游陷阱、旅游旺季的串谋定价与强制性定价、各种促销性价格欺诈,如青岛大虾事件、雪乡宰客事件、敦煌陷阱公厕事件、云南低价团强迫购物事件等就是严重的价格策略伦理失范案例。

4. 分销策略伦理失范

分销策略伦理失范具体表现为OTA的捆绑搭售陷阱,强势企业对渠道成员的过分压榨,旅游中间商之间返款失信等。

5. 促销策略伦理失范

促销策略伦理失范具体表现为不文明、暴力、涉黄旅游促销广告或促销活动,旅游促销过程中的故弄玄虚、虚假宣传,欺诈性旅游形象口号征集、旅游抽奖,采用送礼、收回扣、宴请等不正当的行为进行旅游促销,采用有偿新闻等不正当的旅游公共宣传手段等。

营销既是一门科学又是一门艺术。其科学性在于营销一切行为要致力于创造顾客价值和使顾客满意,而其艺术性在于创造顾客价值和使顾客满意的方式是灵活多样的。当代大学生应少一点精致利己、多一些无私奉献,为天地立心,为生民立命!

实践实训

疫情给旅游业带来重创,请以小组为单位,搜索酒店、餐饮店、景区、旅行社、OTA、旅游目的地等市场复苏举措经典案例,各组重点围绕某一类型文旅复苏经典案例,归纳分析其基本情况与重要举措,并阐述启发和评价。

第二篇

营销战略篇
做好顾客价值定位

第三章
旅游市场营销环境分析

教学导引

学习目标：了解旅游市场营销环境的概念及特点，能够通过对宏观环境、微观环境的分析找出其对市场营销的影响，掌握旅游市场营销环境的分析方法，熟悉营销机会的捕捉路径。

重点难点：旅游市场营销环境构成、旅游市场营销环境的分析方法。

素养目标：本章素养目标主要聚焦引导学生坚定"四个自信"，并能坚持马克思辩证唯物主义立场。讲授政治法律环境时，融入制度自信教育和人类命运共同体战略意义；讲授社会文化环境时，融入文化自信教育；讲授经济环境时，融入道路自信教育；讲授营销环境分析方法时，融入马克思辩证唯物主义立场教育；讨论建设旅游强国面临的机遇与挑战，引导学生坚定"四个自信"。

旅游消费的生活化转向与产业响应策略

2023年以来，"生活"成为旅游行业的热词。

1月5日，马蜂窝的元旦小长假大数据显示，"奔赴山川湖海拥抱自然"或"在街头巷尾感受人间烟火"是年轻人最热衷的跨年体验。

3月3日，资源开发司发布的《文化和旅游部办公厅关于开展"旅游中国·美好生活"2023年国内旅游宣传推广活动的通知》，提出聚焦旅游中国和美好生活抓旅游推广，在旅游推广中反映生活之美、时代之美，把城市旅游休闲作为挖掘旅游发展潜力的"基本盘"，把讲好家乡故事作为拓宽旅游市场的"增长盘"。

3月7日，全国人大代表、云南省委书记王宁通过人民网致信网友，欢迎大家来体验"有一种叫云南的生活"。

3月26日，中国旅游研究院等发布的《世界旅游休闲城市发展报告》提出：国内游客已经从"看山看水"转向"人间烟火"。此前该机构出版的《2022年中国旅游经济运行分析与2023年发展预测》也提出,游客消费空间逐渐从景区景点等传统旅游消费场所向历史文化街区、商圈休闲区、城市公园等公共消费空间扩展。

4月3日,由烟台市文化和旅游局主办的"仙境烟台·人间烟火"网红打卡点征集活动拉开帷幕。

1. 现代旅游消费的生活化趋势

近年来,我国旅游消费出现了非团队化、去中心化、减距离化、弱景区化趋势,造就了一批新兴目的地、业态和玩法。其中,弱景区化是指旅游活动对景区尤其是封闭式观光型景区的依赖度减小,当地居民日常生活空间变得越来越重要;游客在景区停留时间和花费的占比下降,为生活场景支出的时间和金钱的比例提高。从另一个角度来看,这亦即旅游活动的生活化趋势,具体表现为游客关注的重点从"风景名胜"转向"日常生活",从"崇高景观"转向"世俗场所",从"舞台"展演转向"真实"体验,从客位"凝视"转为主位"沉浸",从"宏大叙事"转向"微观感知"。正如中国旅游研究院院长戴斌一直认为的那样:"最美的风景是人""景观之上是生活""寻常生活客自来"。在昆明,原本名不见经传的校场中路、篆新农贸市场、弥勒寺公园、南强街夜市、文明街福照楼和东方书店早已成为与大观楼、民族村、世博园相提并论的打卡点,有些打卡点的知名度和影响力甚至已经超过世博园这样的老牌景区。在丽江古城,入住民居客栈、逛忠义农贸市场、与商贩讨价还价、采购新鲜食材、使用客栈自助厨房做饭、跟主人与驴友分享已经成为不少游客的选择。

2. 各地应对旅游消费生活化转向的实践

杭州推进社会资源访问点建设。2004年开始,杭州在全国率先推出社会资源国际旅游访问点,挖掘杭州人的生活资源,推动社会资源转化为旅游产品。设立了访问点评定委员会办公室,制定了《杭州市城市社会资源转化为旅游产品的实施方案》《杭州市社会资源转化为旅游产品工程以奖代拨实施办法》《社会资源国际旅游访问点设置与服务规范》,启动了"访问点导师计划"和"杭州学徒体验计划",出版了《杭州社会资源国际旅游访问点导览》,评选了系列标杆访问点、示范访问点、推荐访问点及"十大外国人喜爱的访问点",有组织地吸引国际游客到杭州体验生活。访问点涵盖市民生活、社会生活、城市公共服务等六类,天长小学、古荡农贸市场、广兴堂、大华书场、西湖琴社、珠儿潭社区都被纳入进来。已经初步形成了社会资源国际旅游访问体系,让数以万计的国内外政要和游客深入体验现代、开放而真实的杭州。

苏州打造"苏式生活之旅"。早在2011年昆明旅交会上,苏州就开始向批发商推介"苏式生活"。2015年,苏州赴广州、南京、台北等地举办了"苏式生活"夏季旅游、"苏式生活·舒适假期"和"游东方水城,品苏式生活"推介会。2019年,姑苏区推出了包括"苏式生活体验之旅——乐当一天苏州人"在内的四条精品线路,打造古城精品旅游品质生活。2021年以来,苏州市明确提出让"苏式生活"成为高品质生活的引领者、代名词,实施了"最江南的苏式生活体验"高端精品酒店一年冲刺行动计划,并启动了"何以入姑苏,我的苏式生活之旅"文旅消费季,以"泊苏""寻苏""叙苏"为主线,构建多元化苏式生活场景,打造苏式生活旅游目的地。

成都实施"最成都·生活美学新场景"行动。2021年2月,成都市发布《关于实施幸福美好生活十大工程的意见》,要求推出"最成都·生活美学新场景"。2022年1月,出台《关于以场景营城助推美丽宜居公园城市建设的实施意见》,聚焦包括美好生活在内的四大领域,构建城市场景体系。3月至6月,成都市文化广电旅游局按照"发现新场景、发展新旅游、培育新消费"的目标,组织开展了"最成都·生活美学新场景"推选推介活动,最终选出了"心选·美食""心选·好宿""心选·好游""心选·好购""心选·运动"五大类别共计100个新场景,展示了高线公园、天府人文艺术图书馆、"池上锦"汉服全产业链街区等新场景、新点位、新项目。

(资料来源:节选自中国旅游报,略有改动)

思考: 旅游消费生活化给旅游营销带来了什么影响,该如何应对?

旅游市场营销环境分析是旅游企业市场营销活动的起点和前提,成功的旅游企业无一不是十分重视市场营销环境分析的。因为旅游企业总是依托于一定的营销环境而生存与发展,它的营销行为既要受到自身条件的约束又要受到外部条件的限制与制约。旅游企业只有能动地、充分地使营销活动与营销环境相适应,才能制定符合客观实际的营销战略和策略,从而实现企业总体目标。本章首先整体介绍市场营销环境概念、特点和宏观与微观两大环境的内容体系,然后阐述旅游市场营销环境分析方法,寻找旅游市场营销机会的捕捉路径。

一、旅游市场营销环境概述

(一)旅游市场营销环境的概念

旅游市场营销环境是指影响旅游企业市场营销活动及其目标实现的各种内外因素所构成的多层次、相互关联和不断变化的结构系统。本章将旅游市场营销环境主要分为微观环境和宏观环境两大类。

在市场营销活动中,旅游企业必须对影响企业的这两大类环境因素进行调查和分析。旅游市场营销的微观环境是由企业内部因素和外部因素(旅游中间商、旅游供应商、社会公众、旅游消费者和竞争者)构成,企业外部因素也可称为外部小环境。微观环境直接影响旅游企业服务其目标顾客的能力,但它是旅游企业可以进行一定控制的环境因素。旅游市场营销的宏观环境是包括政治法律、人口、社会文化、自然、经济、科技、交通等在内的外部大环境。旅游企业不能控制宏观环境,但可以通过一系列到位的营销活动对宏观环境进行一定影响。宏观环境通过微观环境对旅游企业营销活动产生作用。旅游市场营销环境构成示意图如图3-1所示。

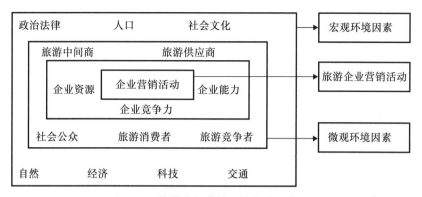

图 3-1 旅游市场营销环境构成示意图

(二)旅游市场营销环境的特点

1. 客观存在性

旅游市场营销环境客观存在于旅游企业营销部门的周围,它不以营销者的意志为转移,相反,它在一定程度上制约着旅游企业的营销行为。尤其是旅游企业面临的宏观环境,如政治法律因素和社会文化因素等在一定时空状态下都是确定的,旅游企业不可能按照自身的要求和意愿去改变它们,只能主动去适应它们,并根据其变化及时调整市场营销策略。事物发展优胜劣汰的自然规律,对旅游企业与市场营销环境的关系同样适用,适应市场营销环境变化的旅游企业就能很好地生存和发展,而不能适应环境变化的旅游企业只会面临被市场淘汰的厄运。旅游业作为一种综合性很强的服务型产业,对于各种经济的、社会的、自然的因素依赖性很强,这些因素往往会对旅游业产生很大的影响。在疫情冲击下,全球旅游业受到重创,不少旅游企业倒闭。因此旅游企业应有专门人员负责收集和分析环境信息,为企业营销活动捕捉机会,避免威胁。

2. 难以调控性

对于宏观环境,旅游企业是根本无法调控的,只能在一定程度上对某些方面进行影响。例如旅游企业通过有效营销活动促使政府通过有利于企业发展的政策法规等。对于微观环境中的外部因素,旅游企业也是不能调控的,只能进行积极有效的引导。旅游企业能够调控的只有微观环境中的内部因素。这是旅游企业进行营销活动的主要发力点,营销人员应充分利用企业内部因素,制定出既符合企业实际又与外部环境相适应的营销战略。

3. 动态变化性

企业市场营销环境是随着社会经济的发展而不断变化的,企业的市场营销环境会受到法律制度、经济政策、科学技术、竞争者、社会公众等多方面的影响。因此,企业必须动态地把握营销环境。旅游市场营销环境各项因素的状态随着时间的变化而变化,多因素变动的各个状态的多重组合形成了与不同时间相对应的多样化环境。由于可自由支配收入的变化、闲暇时间的分布差异、不同旅游目的地的旅游热度不同,旅游市场营销环境易形成动态变化性。

二、旅游市场营销宏观环境内容体系

(一)政治法律环境

国家政治法律环境对旅游企业的营销活动和消费者行为都具有不可忽视的调节作用。政治法律环境对旅游业营销活动的影响主要表现为以下几个方面,企业营销人员应该关注这几类信息。

1. 法律法规

国家通过法律法规、行业指导意见、行业标准等对旅游企业行为、游客行为等进行规范和保护。营销人员应注意收集并能善于运用这些法律法规为自己企业服务。具体可以分为以下几类：①对企业进行管理的法律法规,如《中华人民共和国公司法》《中华人民共和国合同法》《中华人民共和国反不正当竞争法》;②对社会及消费者的保护立法,如《中华人民共和国劳动法》《中华人民共和国食品卫生法》《中华人民共和国消费者权益保护法》《中华人民共和国环境保护法》,这些法规的修订往往体现着一种新的趋势、隐藏着新的营销观念,如绿色营销理念的兴起;③本行业或相关行业法律法规、行业标准等,相关法律如《中华人民共和国旅游法》《中华人民共和国电子商务法》,国家标准如《旅游饭店星级的划分与评定》(GB/T 14308—2010)等;④其他社会立法,如对节假日的调整、《中华人民共和国劳动法》的修正等,这些会对旅游者出游时间、旅游者构成等产生很大影响。

2. 国家或地方方针政策

国家或地方方针政策或发展规划总是随着政治经济形势的变化而变化,对旅游企业的营销活动的影响直接且明显,而且往往会带来很多新的市场机会。例如,2021年河南省委工作会议提出锚定"两个确保",全面实施"十大战略",其中实施文旅文创融合战略也被列为"十大战略"之一,提出发展富有特色的全链条文旅业态,壮大以创意为内核的文化产业,打造中华文化传承创新中心、世界文化旅游胜地。这无疑会给河南文化和旅游业的发展带来新机遇。2010年全国旅游业最具影响的"山东经验"和"好客山东"品牌的塑造也同样离不开山东省政府制定的许多科学发展旅游业的政策。营销人员对于这些重大方针政策务必高度敏感。

3. 双边关系

国与国之间的关系、地区与地区之间的关系对于旅游目的地的选择会起到一种导向作用。当双边关系好时,游客外出旅游就比较安全,政府也会支持双方旅游合作,这会对客源产生积极影响。

4. 重大政务活动

重大政务活动对旅游业的影响,旅游业界已经充分意识到了。例如,北京长城饭店的美国前总统里根访华与"总统游"、普京参观少林寺所引发的少林武术旅游热等,就是策划者利用重大政务活动带来的机会而做的成功策划。

营销实践 3

(二)经济环境

旅游者购买力是构成旅游市场和影响市场规模大小的一个重要因素。而整个购买力又直接或间接受经济发展水平、消费者收入与消费结构、通货膨胀和汇率、重要经贸活动和经济政策、储蓄和信贷等经济因素的影响。所以企业营销人员还必须密切注意企业所在地和目标市场所在地经济环境的动向。进行经济环境分析时,要着重分析以下主要经济因素。

1. 经济发展水平

游客购买力与其所处国家或地区的经济状况有着密切的关系。旅游企业营销人员应着重注意分析能够反映经济发展水平的有关指标,全面把握该地经济发展状况。这些指标主要包括以下几个。

(1)国民生产总值(GNP):国民生产总值是反映国民经济发展的综合指标,人均GNP更能反映一个国家或地区人民的富裕程度,有关研究指出,一般来说,人均GNP到500美元就会兴起国内旅游,而人均GNP达1000美元,就会有出境旅游的需求,特别是人均GNP达1500美元,旅游增长速度更为迅速。

(2)综合发展水平和发展潜力:我国沿海地区综合发展水平高,这些地区成为我国国内旅游主要客源地,旅游发展水平也较高,但随着中央决定在政策和资金投入上加大对中西部地区和东北老工业基地倾斜力度,实施西部大开发、振兴东北、中部崛起等政策,中西部地区发展潜力很大,这些地区旅游业发展前景可观。

(3)社会经济环境发育程度和科教状况:社会经济环境发育程度和科教水平越高的地区,居民旅游意识越强,一旦具备闲暇时间和经济基础,就会有较大的外出旅游的可能性。

2. 消费者收入与消费结构

营销人员通过对消费者收入和消费结构分析,可以充分了解目标市场的规模、增长趋势、消费支出的行为模式等。收入越高,可支配收入(尤其是可任意支配收入)越多,旅游机会就越多,外出就餐娱乐机会也越多。恩格尔系数越低,消费者用于旅游等方面的开支的比重就会越大。目前,我国正全面推进"双循环"新发展格局,家庭收入不断增加,恩格尔系数呈下降趋势,旅游逐步成为居民生活中的重要组成部分,这促使政府部门把旅游业定位为国民经济的战略性支柱产业。但同时我们也该看到,从总体上来看,我国居民收入水平差异大,根据我国2020年国民经济和社会发展统计公报,全国居民人均可支配收入32189元,比上年增长4.7%,扣除价格因素,实际增长2.1%。其中,城镇居民人均可支配收入43834元,增长3.5%,扣除价格因素,实际增长1.2%;农村居民人均可支配收入17131元,比上年增长6.9%,扣除价格因素,实际增长3.8%。从经济收入的角度来分析,我国具备出境旅游经济条件的人口所占比重还不高、目标市场区域差异较大。

3. 通货膨胀和汇率

通货膨胀造成物价上涨、货币贬值、单位货币购买力下降,这使旅游企业成本增加,旅游产品价格上涨,造成购买人数减少。汇率变动对旅游企业的影响表现为两个方面:一方面当汇率上升,外国货币升值,入境旅游成本减少、人数增加,出境旅游成本增加、人数减少;另一方面当汇率下降,外国货币贬值,入境旅游成本增加、人数减少,出境旅游成本减少、人数增加。

4. 重要经贸活动和经济政策

企业营销人员应对重要经贸活动和经济政策非常敏感，策划营销活动时注重循环经济、低碳消费等新理念的运用，并协助政府尽力争取在企业所在地举办多层次、高规格的经贸活动。

（三）人口环境

旅游企业营销人员必须密切注意人口环境方面的动向，尤其是生育政策和人口流动状况。因为旅游市场是由具有购买欲望、购买能力和闲暇时间的人所构成，企业营销活动的最终对象是旅游者。进行人口环境分析时应着重注意以下几个因素。

1. 人口规模因素

旅游客源国或客源地的人口规模基本上可以反映这个客源国或客源地的旅游市场规模。人口规模是营销人员预测市场规模的基本依据，但这并不是说人口规模越大，市场规模就越大，旅游市场的最终规模还取决于其他因素的综合作用。

2. 人口结构因素

人口的性别结构、年龄结构、家庭结构、职业结构、教育结构、民族结构等都从不同方面影响着旅游市场营销，当今应该把握以下几点趋势：中国人口老龄化加快，"银发"市场不断扩大；女性家庭地位逐日提高，"长发"市场不断扩大；青少年儿童地位越来越独特，"花朵"市场不断扩大；人才流动性加快，"流动人口"市场规模不断扩大。这些都会为新的旅游产品形成、新的旅游酒店的诞生带来机会。

3. 人口分布因素

人口地理分布与旅游需求密切相关。一方面，空间距离对旅游目的地选择会产生影响。一般而言，随着空间距离的增大，客源逐渐衰减，因为距离增大，旅游费用和时间增多，因此旅游流的强度会减弱。所以营销者应立足近距离旅游市场，争取中程旅游市场，放眼远距离旅游市场。另一方面，不同地域人口的旅游消费需求有别，因为人们所处的地理位置、气候条件、人文环境等不同会引起消费需求和购买行为不同。例如，沿海地区居民对山川、内地名胜古迹旅游兴趣较浓，内陆城镇居民对海滩的青睐等。同时人口地理分布发生流动，为旅游营销创造了客观条件。农村人进城务工，城市人下乡度假，乡村变为城市，小城市变为大城市，人口的这种区域流动、结构变化带来了大量市场机遇。

（四）社会文化环境

社会文化环境是较复杂、特殊的一种环境因素，它不像其他环境那样显而易见，而是时刻会对旅游消费产生潜移默化的影响。社会文化环境是由一个国家和地区的民族特征、文化传统、价值观念、宗教信念、风俗习惯等因素所组成的。社会文化对旅游企业的产品开发、价格策略、营销渠道等每个营销环节都有影响，只有了解当地的文化传统、尊重当地的风俗习惯、意识到地区文化差异，并对当地文化加以利用，进行区别性营销，市场营销活动才能成功。同时社会文化环境也是动态变化的，旅游营销人员应善于把握变化趋势，从而设计出能被市场接受的产品或服务。

（五）科技环境

科学是第一生产力。科学技术的进步，极大地推动了社会各行各业的发展，为人类带来了巨大的物质财富。高科技成果，尤其是大数据、万物互联、区块链、元宇宙、5G、虚拟现实、人工智能等现代技术给旅游企业的经营理念、营销战略和经营方式带来了巨大影响。《"十四五"旅游业发展规划》明确提出，要充分运用数字化、网络化、智能化科技创新成果，升级传统旅游业态，创新产品和服务方式，推动旅游业从资源驱动向创新驱动转变。

酒店业利用高科技成果进行网络营销、实行网上预订，建立客户大数据，设立人工智能机器服务员等提供个性化服务，采取差异化营销。旅游目的地利用现代声光电子技术、元宇宙、VR、AR、MR等现代技术，开发新型沉浸式旅游产品、数字藏品等。例如泰山景区抢抓数字经济和数字文创发展机遇，深入挖掘泰山文化的丰富内涵和时代价值，借助区块链技术发行虚拟文旅商品，有效拓宽泰山优秀传统文化的"两创"路径，策划推出首期"泰山系列数字藏品"，包含了五岳独尊、风月无边、如意、"虎"字石刻等标志性景观。2022年3月23日12:00，泰山景区首期四款数字藏品上线销售，每件藏品售价25元，分别限量发售8000份，首期藏品上线即"秒光"。通过制作发行数字化体验产品，打造了文化泰山标识性符号，用数字化方式呈现泰山文化，让游客更便捷地获得独一无二的泰山系列数字藏品、更全面地感受泰山这一世界文化与自然遗产的魅力、更多地体验数字藏品的价值感和科技感，必将进一步提升泰山的传播度、美誉度。

营销实践 6

（六）自然环境

以往从经济地理的角度评价自然条件和自然资源，主要是考虑其对生产力布局的影响，从企业市场营销角度出发，则应首先考虑其对市场需求的制约。自然环境不仅直接影响人类开发资源、利用自然、改造自然的生产资料需求状况，而且从外部环境方面广泛制约着人类旅游需求，可以说在食、住、行、游、购、娱等方面的需求都受到自然环境的直接或间接的影响。如今许多国家和地区，随着工业化和城市化的发展，环境污染、资源浪费程度日益增加，尤其是近几年全球极端天气、疫情等自然灾害以及公共卫生事件频发，公众对自然环境问题越来越关心，越来越多的人意识到自然环境的重要性，渴望蓝天、绿地、清水、安静的美好环境，并且纷纷谴责那些造成污染和危害身心健康的企业与消费行为。与此同时，习近平总书记提出的"绿水青山就是金山银山"的观念越来越深入民心，老百姓和地方政府对生态环境的保护意识显著增强，对美好生活环境的向往越来越强。政府为了社会利益和长远利益对环境保护加强了管理，提出了碳达峰、碳中和的宏伟目标，倡导低碳生活、绿色发展。这对于旅游企业是一种压力，但同时也蕴含着一定的市场机会。这要求旅游景区在规划设计、产品开发和对外宣传时一定要考虑到对自然环境的影响，旅行社设计线路时要具有高度环保意识，积极开发、科学组织生态田园旅游、农事研学旅游等特色旅游，同时考虑旅游景区的承载力和旅游中的环保，倡导低碳消费。旅游酒店要强化绿色营销观念，建立绿色客房、绿色餐饮，大力创建绿色酒店、低碳酒店。

热点讨论 3

(七)交通环境

旅游与交通密不可分,从需求方面看,交通是旅游的基础支撑和先决条件;从供给方面看,交通则是发展旅游业的命脉,是旅游业的重要组成部分,是旅游完成的充要条件;从旅游收入方面看,交通运输业作为旅游业的重要部门,本身也是旅游收入和旅游创汇的重要来源。交通对旅游者目的地选择、旅游资源开发、旅游产业发展等影响巨大。随着大众旅游时代的来临,交通为旅游带来了便利,旅游为交通创造了新的发展空间,旅游与交通融合发展的势头越来越强劲。如何应对"高铁、高速时代"的到来所带来的机遇与挑战,构筑高铁经济圈下的新旅游格局,还有待于各地旅游主管部门和各旅游企业认真研究、努力探索。旅行社组织旅游线路时也必须注意交通的合理组合,实施"快旅慢游",减少游客疲劳感,提升游客舒适度。

三、旅游市场营销微观环境内容体系

(一)企业自我

《孙子兵法》道:知己知彼,百战不殆。旅游企业进行环境分析时,必须对企业自我的内部环境进行解剖,找到自己的优势和劣势所在。对企业自我的分析属于微观环境中的企业内部因素分析,主要注意以下几个方面。

1. 企业资源及其分析

一般来说,资源用于投入企业的生产过程。旅游企业资源是指其拥有的人力资源、物力资源、财力资源、信息资源和文化资源。这些资源有的属于有形资源,有的属于无形资源。不管是有形资源还是无形资源都是企业参与市场竞争的基础,是发展企业市场竞争优势的关键因素。21世纪旅游业的竞争根本上是人才的竞争,哪家企业拥有更具竞争力的人才尤其是高层次管理人才、复合型人才,哪家企业就拥有市场营销主动权。企业的资金和设施设备状况是企业营销活动的基础,它决定企业营销活动的规模。旅游业是一种服务性行业,服务水平的提高、服务内容的丰富等都对于信息资源的依赖性很强。企业应充分收集对企业发展有影响的各种信息,并从中找到自己的营销机会。企业文化资源越来越受到企业的重视,在调动员工积极性、发挥员工主动性、提高企业凝聚力、优化企业形象、约束员工行为、激发员工创造力等方面起着重要的作用。企业营销人员分析资源时,要重点分析企业拥有什么资源?这些资源具有何种优势或劣势?这些资源状况是否会变化、如何变化,以及对企业营销活动有何影响?该如何整合企业资源?

2. 企业能力及其分析

企业能力是指企业分配资源的效率,旅游企业进行能力分析时,主要分析企业的组织管理能力、战略规划能力、应变与创新能力、学习能力等。这些方面的能力越突出,营销能力的提升也就越有保证。目前旅游企业向规模化、集团化、跨国化发展也正是提升企业能力的需要,提升市场竞争力和品牌扩张力与价值的需要。

3. 企业竞争力及其分析

企业竞争力依赖于企业资源和能力,旅游企业通过对资源和能力的有效整合和发挥,最终形成使旅游企业在众多竞争对手中脱颖而出的竞争力,并获得理想的竞争地位。通过分析旅游企业的市场占有率、相对市场占有率、销售利润率、销售增长率、盈利能力、促销效率等,西方国家还特别重视品牌影响力、客户占有率等方面的分析。

(二)旅游中间商

旅游中间商是指处在旅游企业与旅游者之间,参与商品流通业务,促使买卖行为发生和实现的集体和个人。旅游中间商种类很多,一般包括旅游经销商、旅游代理商、旅游批发商、旅游零售商、交通运输公司、金融中介机构(银行、信托、保险)和营销服务机构(广告、调研、预订系统和电子分销系统)等。

旅游消费者希望通过最方便的销售渠道,在最合适的时间,购买其感兴趣的产品;同时还希望能便捷地购买到相关产品,而且付款方式方便、灵活。旅游中间商创造了地点效用、时间效用、数量效用、品种效用,创造了更多旅游消费者所需要的特别价值。因此旅游中间商在营销活动中的地位很重要,旅游企业应认真分析、慎重选择中间商。

(三)旅游供应商

旅游供应商是指向旅游企业提供生产经营所需要资源的机构或个人,如向酒店提供客耗品的公司、向旅行社提供客房的酒店等。旅游供应商所供资源的数量、质量、价格、供应的及时性与稳定性对旅游企业的营销活动产生影响,企业在选择旅游供应商时要特别慎重。那些物美价廉、交货及时、信誉良好、效率高的供应商是旅游企业好的合作伙伴,应与之建立长期的合作关系,以保证供货的连续性和稳定性。但是,旅游企业也不可依赖于少数几家供应商,而要使供货来源多样化,这样才能避免市场变化或旅游企业与供应商关系发生变化时旅游企业陷入困境。

把握旅游资源供应环境,不仅有助于保证货源质量,还有助于降低成本。掌握供应商品的价格变化情况并尽可能加以控制,使综合报价中利润达到最大。目前许多旅游企业采用"定点"制,提供食、住、行、游、购、娱一条龙服务,相互提供客源,又相互优惠,收效颇佳。

(四)社会公众

旅游企业营销所面对的社会公众是指对实现旅游企业经营目标有实际或潜在利害关系和影响力的一切社会团体和个人。得道多助,失道寡助,旅游企业的生存与发展依赖于良好的公众关系和社会形象。旅游企业所面临的社会公众主要包括金融公众、媒介公众、政府公众、群众团体、社区公众、一般公众和内部公众。

金融公众指影响旅游企业或其资金能力的企业或个人,主要包括银行、投资公司、信托公司、保险公司、租赁公司、证券公司等财务机构。

媒介公众主要指大众新闻媒体机构,如报社、期刊社、广播电台、网络、电视台、出版社等。

政府公众指对企业的经营活动进行管理的部门,如工商、税务、公安、计委等。

群众团体指由共同利益产生共同行动的群众组织,如消费者组织、环境保护组织等。

社区公众指企业所在地附近的居民和社区组织。

一般公众指一般社会大众,他们可能是企业产品的潜在购买者、潜在投资者,即公众购买本企业股票或债券。

内部公众指企业内部所有的员工。现代旅游企业强调创造企业文化,正是为了激励员工、凝聚员工、形成团队合力。

另外,不少旅游景区意识到了处理好与当地居民关系非常重要,居民配不配合开发旅游、支不支持发展旅游,对旅游景区影响很大。

旅游企业须采取适当措施处理好各种公众关系,因为这些不同公众都能促进或阻碍企业实现其目标功能。以大众媒介为例,报纸、广播、电视对某旅游企业提供优质服务的报道,就能提高这一企业的美誉度,扩大销售;反之,一篇揭露某旅游企业损害旅游者利益的报道,就能使这一企业形象大大受损,进而影响产品的销售。为处理好与周围公众的关系,树立旅游企业的良好信誉和形象,大多数的旅游企业都设立了公共关系部,其主要业务是处理好与社会公众的关系,增进理解,互相合作,然而公共关系并非只是公关部门的事,还必须要有全体员工的积极参与。

(五)旅游消费者

旅游消费者是旅游企业营销的中心,包括个体旅游消费者和机构旅游消费者。旅游企业是为了满足旅游消费者(顾客)的需要而从事产品经营的,或者说旅游企业依赖于旅游消费者的存在而存在,所以旅游企业必须认真研究旅游消费者,把握消费动向。对旅游消费者的分析是一项非常复杂的工作,需要分析的方面多而杂,一般应分析以下几个要素。

1. 辨别谁是本企业的顾客

企业最初所拟定的目标市场固然会是本企业的顾客,但企业的顾客并不一定就只是目标市场。例如某酒店最初定位于为恋爱一族(情侣)提供餐饮和娱乐服务,但营业过程中,却发现有不少已婚夫妇也来消费。通过调查,发现这些已婚夫妇也想找回恋爱的感觉,希望来这里再一次体验当初的恋爱感觉。酒店注意到这一消费群体后,及时推出更有针对性的产品和服务,结果很受顾客欢迎。

2. 识别顾客的购买行为类型

顾客的购买行为受其个性、社会和环境因素的影响,而呈现出不同的购买行为,一般可以分为习惯型、理智型、经济型、冲动型、想象型、随机型六种类型。习惯型顾客往往根据过去的习惯而购买某种旅游产品,如住惯了某品牌酒店,当再需要住宿时就习惯性地到该品牌酒店住宿。理智型顾客往往在实际购买前,会对所要购买产品进行分析、比较、细心挑选。经济型顾客则对产品价格特别敏感,善于发现别人不易觉察的价格差异。冲动型顾客易受产品外观、广告宣传等激发而购买。想象型顾客往往情感丰富,以丰富的联想力来衡量旅游产品的意义。随机型顾客购买时,没有固定的偏爱,一般是顺便购买或为尝试购买。

3. 分析顾客购买心理

顾客购买心理对营销策略的制定有重要影响,顾客购买心理包括好奇、怀旧、分享、求知等心理。不少旅游企业利用顾客的怀旧心理,推出知青餐馆、红军餐厅等。旅行社更是设计出了不少特色旅游产品,如"当一次八路军"红色旅游产品、"重走长征路"长征游等。

4.了解顾客购买方式

顾客的购买方式包括顾客是每隔几天、几周或几月外出旅游或就餐一次,是常在工作日外出就餐还是在周末或节假日外出就餐,每次预计消费额是多少等。

5.掌握顾客对本企业的综合评价

顾客对本企业的综合评价包括顾客对本企业的整体形象、产品和服务质量、价格、促销方式、企业文化等方面的综合评价。一般而言,综合评价为"满意"的顾客不一定能成为回头客,但如果为"非常满意",即对企业的产品或服务感到惊喜,则很有可能成为回头客,并会向别人推荐。

(六)旅游竞争者

旅游竞争者是旅游企业市场营销微观环境的重要因素之一,旅游竞争者的状况直接影响旅游企业的经营活动,因此旅游企业应对旅游竞争者进行重点分析。每一个旅游企业,一般都面临着四种类型的竞争者,即愿望竞争者、一般竞争者、产品形式竞争者和品牌竞争者。营销人员需要辨别谁是竞争者,了解竞争者的竞争力,如竞争企业的规模和资金、技术水平、产品情况、营销策略和已获得的市场份额、知晓度份额和喜爱度份额等,并要动态了解竞争者的发展目标和发展新动向。

举例来讲,某公司准备组织职工或外出活动,在疗养、游览风景名胜、体验民俗三个方面进行考虑,这三者对旅游企业来说,属于"愿望竞争者"。公司经过反复考虑,决定组织职工外出疗养,而满足这一愿望,可通过乘飞机、火车或轮船等方式到达目的地,这属于"一般竞争者"。到了目的地后,职工可以住高、中、低等档次的酒店,能满足消费者某种愿望的各种产品的型号,属于"产品形式竞争者"。当公司选定了酒店的档次后,公司又要考虑选择哪一品牌的酒店,是"假日"还是"希尔顿",或其他品牌的酒店,也就是满足消费者的品牌产品,属于"品牌竞争者"或"企业竞争者"。旅游企业市场营销人员对该公司的上述购买决策,通过调查研究,就可以搞清楚谁是本旅游企业的竞争者。

营销实践 7

四、旅游市场营销环境分析方法

旅游市场营销环境构成复杂多样,旅游企业在进行市场营销环境分析时,不能眉毛胡子一把抓,应遵循一些基本步骤,采用科学的方法进行。旅游市场营销环境分析方法有PEST分析法、EFE矩阵分析法、SWOT分析法等,最为常用的是SWOT分析法。

(一)PEST分析法

PEST分析法是战略外部环境分析的基本工具,通过政治(politics)法律环境、经济(economy)环境、社会(society)文化环境和科技(technology)环境四个方面的因素分析,从总体上把握宏观环境,并评价这些因素对企业战略目标和战略制定的影响。

(二)EFE矩阵分析法

EFE矩阵,即外部因素评价矩阵(external factor evaluation matrix),是一种对外部环境进行分析的工具。其做法是从机会和威胁两个方面找出影响企业未来发展的关键因素,根据关键因素影响力的大小设置权重得分,并对各因素表现进行分析评分。设定出最高分、最低分和平均分,加权分数的和为加权总分。EFE矩阵分析法的关键性因素选择要客观,机会与威胁常常同时存在。

(三)SWOT分析法

SWOT分析法,即优势、劣势、机会、威胁分析的方法,SW指企业相对于竞争者的优势和劣势(strengths and weaknesses),OT指企业面临的外部机会和威胁(opportunities and threats)。旅游企业对营销环境的分析主要是分析环境带来的机会和威胁,做到知己知彼,从而设计对应的战略措施,制订科学的营销战略和计划。其基本步骤如下:①SW分析;②OT分析;③SWOT汇总分析。

SW分析矩阵和OT分析矩阵分别如图3-2、图3-3所示。

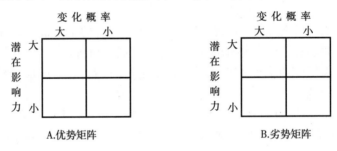

图3-2　SW分析矩阵

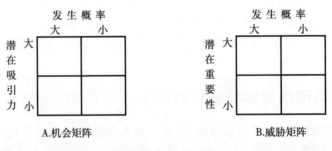

图3-3　T分析矩阵

首先,SW分析,即分析旅游企业内部环境的优劣,以是否有利于营销活动及其他经营活动的开展为标准。可运用SW分析矩阵(图3-2)来分析,其基本步骤如下:①企业自身在企业资源、能力和竞争力等方面状况如何;②分析这些状况哪些是优势或劣势;③分析这些优势或劣势影响程度有多大;④分析这些优势或劣势发生有利或不利变化的可能性有多大;⑤分析旅游企业可能采取的战略措施。

其次,OT分析,即进行外部机会－威胁的分析,目的在于确定企业有可能利用的市场良机和可能会影响企业经营的市场威胁。可运用OT分析矩阵(图3-3)来分析,其基本步骤如下:①扫描外部环境,判断发生了什么事;②分析这些事对企业是机会还是威胁;③分析机会或威胁的大小程度;④分析机会或威胁成为现实的可能性大小;⑤分析旅游企业可能采取的战略措施。

最后,SWOT汇总分析,在对旅游企业的内外部环境作出综合分析之后,从内外环境的协调平衡角度出发,其营销战略可分为发展战略、稳定战略、紧缩战略和多角化战略四种(图3-4)。

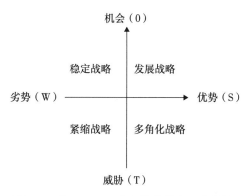

图3-4 基于SWOT分析的旅游市场营销战略

基于图3-4的分析,不同SWOT状态下的营销战略选择不同,相对应的营销战略方向、营销原则、营销决策也会有所不同,详见表3-1。

表3-1 不同SWOT状态下的营销战略选择

SWOT评价结果	营销战略选择	营销战略方向	营销原则	营销决策
优势+机会	发展战略	产品认知	开拓	占领市场、领导同行、增强企业实力
优势+威胁	多角化战略	品牌塑造	进攻	集中优势、果断还击、提高市场份额
劣势+机会	稳定战略	个性凸现	争取	随行就市、速战速决、抓住市场机会
劣势+威胁	紧缩战略	有效回收	保守	降低费用、急流勇退、占领角落市场

五、旅游市场营销机会捕捉路径

(一)旅游市场营销机会的类别与形成

根据不同标准划分的旅游市场营销机会,其形成原因也有差异。

1. 从大小来划分

根据大小,旅游市场营销机会可以分为特大营销机会和一般营销机会。
2006年俄罗斯总统普京来华访问期间专程到少林寺游览,并以此作为访华的最后一站,这对河南省进一步开发俄罗斯旅游市场无疑是一大营销机会,就少林寺而言更是一次扩大在俄罗斯知名度的特大营销机会。特大营销机会的形成通常有两个条件:一是该事件具有特大影响力;二是该事件与某旅游企业或旅游目的地关系特别紧密。影响力越大、与旅游企业关系越紧密,营销机会就越大,旅游企业越应该充分利用。

2. 从长短来划分

根据长短,旅游市场营销机会可以分为长期营销机会和短期营销机会。

长期营销机会是指对旅游业带来的机会是深远的、长期的、具有战略意义的营销机会。短期营销机会是指给旅游业带来的机会是临时的、短期的,甚至是一次性的不具备战略意义的营销机会。长期营销机会和短期营销机会又分别称为战略性营销机会和非战略性营销机会。此类机会的形成与营销环境要素自身特点有关,有些环境要素是长期的,而有些是短期的或临时的,例如同样是法规,有些是正式修订并发布实施的,这对企业有长期影响,而有些是临时性的或有一定时间限制的,这对企业产生的影响通常也是短期的。例如大型赛事或节庆活动,有些是在某城市一次性举办的,而有些是在某城市常年举办的,这也就给旅游企业带来或短期或长期的营销机会。

3. 从影响范围来划分

根据影响范围,旅游市场营销机会可以分为全面营销机会和局部营销机会。

全面营销机会是指给旅游业带来的全方位的、整体的营销机会。例如郑州市建设国家中心城市和国家一级综合交通枢纽,加快航空、高速铁路、城际轨道、高速公路、城际快速通道、管道运输等重大区域性交通基础设施的建设。这给郑州旅游业带来的就是全面营销机会。局部营销机会是指给旅游业带来的某方面的、某部分的营销机会。例如国庆节的来临对于酒店和餐饮店来说无疑是一个非常好的机会。全面营销机会与局部营销机会的形成有两个条件:一是环境要素影响是全面的或局部的;二是旅游企业或旅游目的地能够利用该类机会是全面的或局部的。作为旅游企业既要及时抓住和利用好全面营销机会,也不可忽略局部营销机会。

4. 从营销机会被捕捉的难易程度来划分

根据营销机会被捕捉的难易程度,旅游市场营销机会可以分为显性营销机会和隐性营销机会。

显性营销机会是外露的、较为单一的、比较容易被捕捉到的营销机会。例如某高级餐馆周边增加了几个高档居民社区,这种营销机会很容易被该餐馆识别。隐性营销机会是隐藏的、较为复杂的、需要通过缜密的市场调研与分析才能获取的营销机会。例如某餐馆通过对所在城市尤其是周边社区居民的收入状况、职业构成和消费行为等的调研发现绿色餐饮市场需求规模与日俱增,与市场供给存在缺口越来越大,决定调整经营方向,向绿色休闲餐饮转型。通常隐性营销机会的形成是由环境要素的综合性、交叉性和多变性引起的,即诸多因素在一起相互作用。

(二)旅游市场营销机会的捕捉与创造

创造旅游市场营销机会在于能对营销环境变化作出敏捷的反应,善于在许多寻常事物中迸发灵感,巧于利用技术优势开发出新产品。营销机会的分类有利于捕捉或创造营销机会,但旅游企业捕捉或创造营销机会的方法多样,常见的有以下几种。

1.从供需缺口中寻找营销机会

某类旅游产品在市场上供不应求时,就表明了可供旅游产品在数量、类型或质量等方面的短缺或不足,反映了旅游者的需求尚未得到充分满足,这种供需缺口对于旅游企业来说就是一种营销机会。寻求供需缺口通常采用以下方法。

(1)需求差额法:从市场需求总量与供应总量的差额来识别市场机会。可用下列公式表示:

$$需求差额 = 市场需求量 - 产品供应量$$

(2)结构差异法:从市场供应的产品结构与市场需求结构的差异找寻市场机会。产品的结构包括品种、规格、款式等。有时供需总量平衡,但供需结构不平衡,仍然会留下需求空缺,分析供需结构差异,企业便可从中发现营销机会。

(3)层次填补法:从需求层次方面来寻求市场机会。市场需求层次可分为高、中、低三档。马斯洛又把需求层次分为五个等级,可以通过分析各层次需求满足的情况,找出未被满足的"空档",提供相应旅游产品予以填补。

2.从市场细分中寻求营销机会

精确的市场细分有利于营销人员发掘营销机会,从细分市场中寻找营销机会的主要是进行深度细分和非常规细分。

(1)深度细分:把某项细分标准的细分程度加深拉长。如旅行社按照收费档次可分为高、中、低档旅游。但如果采用延伸法把细分度拉长,则可分为奢华享受游、高档体验游、中档品质游、经济实惠游、自助节省游等;也可将细分度加深,如奢华享受游分奢华邮轮游、奢华太空游、奢华海底游等。深度细分,照顾了旅游者复杂多样的需求差异,通过这类细分,可以发现未被满足的市场。

(2)非常规细分:采用非常独特的细分标准,如按文化程度、购买动机、生活方式等细分市场,可以细分出更多有个性的市场,从中发现被他人忽略的市场机会。

3.从旅游产品缺陷中寻求营销机会

旅游产品缺陷往往影响旅游者的购买兴趣及再次购买的可能,不断发现并善于弥补旅游产品的缺陷则可能给企业带来新的生机。例如:洛阳栾川重渡沟自然风景区正是从产品缺陷和市场需求变化中寻找并把握好了营销机会,创造出了一个又一个营销典范,入选国家生态旅游示范区、全国农业旅游示范点、全国乡村旅游重点村、中国乡村旅游创客示范基地、国家级夜间文化和旅游消费集聚区、河南省省级旅游度假区,"重渡沟现象"更是让其声名远播,成为旅游者向往的全天候休闲度假胜地。

4.从竞争对手的弱点中寻求营销机会

研究竞争对手,从中找出竞争对手产品的弱点及营销的薄弱环节,也是寻找营销机会的有效方法之一。例如某新开的五星级标准酒店,针对的就是主要竞争对手客房设施设备相对老化和客房以及公共区域面积较小的弱势。为了迅速进入市场、树立品牌,开业前后策划出以"更开阔、更新颖、更先进、更享受"为口号的"高贵新坐标"主题营销活动,通过强有力的促销组合策略大肆宣传其酒店设计的科学性、设施设备的先进性和高科技性等优势所带来的与众不同、前所未有的新体验,市场反响很好,取得了非常理想的营销效果。

5. 从市场发展趋势中寻找营销机会

市场发展趋势包含两方面内容:一是指某类旅游产品市场(包括销售、消费、需求)发展趋势;二是指旅游市场营销环境的变化动向。例如针对休闲度假市场的长期增长趋势,许多景区或旅游城市大手笔开发休闲度假产品,杭州甚至确立了建设世界休闲之都的旅游发展目的,通过召开世界休闲博览会、G20峰会等国际会议,极大地促进了杭州世界休闲形象的树立。正如前文所述,旅游营销环境往往机会与挑战并存,营销者既要以敏锐的眼光从变化动向中预测未来,把握营销机会,还要以非凡的创造力,善于把挑战转化为机会。

6. 从社会消费潮流中寻找营销机会

社会发展的各个时代都会形成流行的涡心,例如回归大自然、玩游戏放松心情、拆盲盒挑逗神经等。在这种社会大潮的冲击下,许多旅游企业顺应潮流,把握机遇,推出了特色营销活动。例如四川推出了我国第一款以世界文化遗产为背景的主题实景大型多人网络游戏《青城》,以网游"捆"住旅游,开创了景区营销新模式。广州长隆旅游度假区近几年深入参与过等5档国内火爆的综艺节目的拍摄,并推出系列相关旅游产品或活动项目,使年均客流量超过1200万人次,成为泛娱乐营销的成功典范。继同程旅行推出"机票盲盒"后,携程旅行、去哪儿、飞猪旅行先后推出了各种类型的"旅游盲盒",一时间,盲盒经济盛行起来。

7. 从社会重大事件中寻找营销机会

社会重大事件能引起很强的社会关注,有了很强的社会关注,就能挖掘或创造营销机会。重大节庆会展、焦点人物活动、重大危机事件、重大社会新闻等都可以产生很强的社会关注,旅游营销人员应充分利用。例如借北京冬奥之风,我国努力克服冰雪运动起步晚、基础差、冰雪资源分布不均等短板,着力推动冰雪运动"南展西扩东进"战略,使冰雪运动在空间、时间上的局限被逐步打破,向全国拓展,向四季拓展。从全国范围看,各地积极开展丰富多彩、形式各样的冰雪活动,"北京快乐市民冰雪季""河北冰雪运动会""黑龙江赏冰乐雪""湖北冰雪大会""河南欢乐冰雪健康中原"等一大批地方活动品牌,对推广冰雪运动、培育地域冰雪文化起到了积极作用。不少地方也通过发放冰雪体验券、消费券,举办冰雪公益课等方式,扩大冰雪运动的影响力。大江南北、长城内外掀起冰雪运动热潮。

8. 从重大技术革新中寻找营销机会

新材料、新能源和新技术的广泛运用为旅游业的发展创造无限的新的营销机会。特别需要指出的是随着信息技术的发展,移动通信、数字报刊、数字电视、互联网等一系列新媒体开始走进大众生活。以互联网为代表的新媒体已经超过了传统报纸、期刊、电视等媒体,成为公众获取旅游信息最重要的渠道。正因如此,越来越多的旅游目的地、旅行社和旅游酒店等开始重视网络等新媒体营销。从网站、搜索引擎、BBS论坛、QQ空间、博客,到微信、微视频、微博、直播,灵活、高效的新媒体营销模式,正日益引起旅游业界的高度关注,成为旅游营销又一利器。总之,随时关注世界科学技术发展动态,及时地将这些技术引入旅游营销,将给旅游业带来无限生机。

9. 从社会与城市各类发展规划中寻找营销机会

国民经济与社会发展规划、城市发展规划与行业发展规划等反映了未来发展布局和各行业发展趋势,孕育了许多营销机会。旅游营销人员应高度重视这些规划,从中寻找营销机会。如国务院印发《"十四五"旅游业发展规划》,提出优化旅游空间布局,在东部、中部、西部地区基础上提出"东北地区"的概念,形成四个区域;提出中观层次的"旅游功能区",如香格里拉民族文化旅游区等;提出打造"国家旅游风景道",如川藏公路风景道等,提出建设旅游枢纽城市等。这些规划对于相关区域而言无疑是重大机遇。

10．从优秀传统文化中寻找营销机会

中国五千年文明绵延不断、流传至今,这是中国旅游市场营销机会挖掘的巨大宝藏。其中蕴藏的传统节庆文化、民俗文化、地方文化等都是寻找营销机会的重要源泉。江西省景德镇市浮梁县2021年举办首届"盛世浮梁·国潮音乐节",内容覆盖五大子主题,以古镇特有的文化底蕴为核心,以传统文化为主轴,围绕古风、潮流、动感、娱乐、休闲的调性,与当下的潮流相融合,将科技光影秀、时尚国潮、民俗演绎、非遗展演、文艺演出、集市、创意快闪等活动贯穿始终,运用现代科技手段向旅游者讲述了浮梁古城的千年传承与独特的文化魅力,在传统与现代的反差中,为广大旅游者呈现了一场新潮文化与历史传承相碰撞的视觉、听觉盛宴。

> 人不负青山,青山定不负人。营销环境固然不可避免地会影响旅游营销活动,但旅游企业面对营销环境并不是无能为力,应注重激发企业内部活力,坚守为旅游消费者创造美好顾客价值的初心。当今世界正经历百年未有之大变局,当代大学生在声声入耳的同时,要家事国事天下事,事事关心;纵使身处逆境,也不可怨天尤人,而要丹青不渝、韶光不负,竭尽全力为创造美好明天奋斗不息,唯此方可迎来柳暗花明又一村。

实践实训

1．请根据近三年中国政府工作报告有关内容,分析建设旅游强国面临的机遇与挑战。

2．请自选一旅游目的地或旅游企业,为其国庆长假营销策划撰写营销环境分析报告。

第四章
旅游市场营销战略

学习目标：了解旅游市场营销战略的概念界定；熟悉旅游市场营销战略的特点及意义；掌握定位战略、竞争战略和增长战略的具体内涵。

重点难点：旅游定位战略、竞争战略、增长战略。

素养目标：本章素养目标主要聚焦"四个意识"，引导学生志存高远、坚定理想信念。讲授营销战略概念与特点时融入大局意识；讲授定位战略时，让学生阐述对人生定位或职业定位的理解，引导学生树立崇高理想、坚定理想信念；讲授竞争和增长战略时，引导学生讨论企业（企业家）如何在社会主义核心价值观和"四个意识"指引下处理竞争关系，打造旅游核心竞争力并做优、做强、做大，鼓励学生树立远大理想抱负。

亚朵酒店赴美IPO背后：成也IP，败也IP？

亚朵集团，即上海亚朵商业管理(集团)有限公司。旗下拥有A.T.HOUSE、亚朵S酒店、ZHotel、亚朵酒店、亚朵X酒店、轻居六大住宿品牌，场景零售品牌ATOUR MARKET亚朵百货，及三大原创生活方式品牌，覆盖包含睡眠、香氛个护及出行等领域。

亚朵成立于2013年，定位中高端连锁酒店，主打"人文"以及"生活方式"的文创属性，联名IP玩跨界是其主要差异化策略。从位于西安南门第一家亚朵酒店起步，截至2021年3月31日，亚朵酒店拥有608家酒店，共71121间客房，其中包括33家租赁酒店和575家管理加盟酒店。其收入主要来自受管酒店的特许经营费和管理费以及向受管酒店销售酒店用品；租赁酒店的运营，以及与酒店情景相关的零售产品的销售等。

亚朵建立了自己的会员体系。截至2021年第一季度末，亚朵A-Card忠诚度计划注册会员数量累计超过2500万。2020年，亚朵共计销售了约1300万个酒店间夜，44.7%的间夜来自集团会员，OTA渠道的间夜量占比19.9%。且在2020年亚朵会员复购率达到48.7%，表现出很强的客户黏性。

将酒店和IP结合起来,跨界联名是亚朵的标签之一,从吴晓波、网易云音乐、网易严选,再到知乎、虎扑和超级QQ,亚朵每次跨界都将营销效果拉满。2016年11月,亚朵与吴晓波频道在杭州合作打造了"亚朵·吴酒店",是亚朵的第一个IP酒店模式。在吴晓波的跨年演讲中,亚朵作为协办方,出现在许多宣传物料中,这让亚朵得到大量的曝光,开始打开大众市场。2018年3月,亚朵与知乎合作的亚朵知乎酒店在上海徐汇区开业;7月,亚朵与虎扑合作的亚朵S·虎扑篮球酒店在上海开业。在与网易严选合作的酒店中,大堂里陈列着出自网易严选的家居、服饰、零食等特色商品,顾客可以直接购买看中的商品。根据弗若斯特沙利文的资料,亚朵是业内第一家通过与生活方式品牌联合推出主题酒店的连锁酒店,截至2021年3月31日,该酒店共有14家以音乐、篮球、文学等引领潮流的主题为灵感的主题酒店。

IP让酒店有了"网红"属性,引入更多的跨界IP,打造更高的知名度,这也是当初很多投资人看好亚朵的地方。不过有分析指出,从近年发展来看,实际上"酒店+IP"战略让亚朵陷入了两难境地,正所谓成也IP,败也IP。首先是跨界IP酒店难以形成规模。对于每家特色主题酒店而言,IP意味着非标准化,在运营上存在难度。有业内人士称,一家单店运营得再好再有特色,其影响与盈利只是小范围的,只有实现了扩张,才能更好地做下去。"所有的噱头、概念最终都需要去论证其是否具有可复制能力,如果没有可复制能力,就没有办法规模化。"首旅如家总经理孙坚就曾对酒店跨界有过疑虑。亚朵5年时间里,也仅仅打造了14家跨界IP类酒店,占其608家酒店的2.3%,数量上几乎可以忽略不计。其次是目标客群与房价之间存在落差。亚朵本身定位是中高端精品酒店,目标客户是新中产人群,消费者以30岁以上为主。2020年,亚朵45.8%的客户年龄为30岁至40岁。联名主题酒店更多是为了迎合年轻群体不同兴趣的多样化生活方式,目标群本应该是更年轻的消费者,但实际上价格却更高一些。2020年中,亚朵IP酒店的客单价为469.1元,较同区域可比酒店的平均每日房价(ADR)高15.4%。这对18岁至25岁的年轻人来说,性价比并不高,跨界酒店反而沦为"打卡地"的尴尬。此外,IP与酒店捆绑之后,IP自身的实力与稳定性就变得非常重要。一旦IP出现了品牌负面危机,作为IP酒店,就会处于一个非常被动的地位。

最近4年,亚朵未能在一级市场"拿钱",或许影响到了公司的扩张规模,让其开店数量不及竞争对手。比如,华住旗下与亚朵定位相似的全季酒店已经开出1100家店,截至2021年一季度华住还有1369家待开业的中高端酒店;锦江酒店2020年全年已开业的中端酒店达4422家、客房51.25万间,中端客房占比同比提升至55.74%。就连与亚朵同样定位中端市场的尚美生活,门店总数已突破5500家。亚朵IPO之路同样充满曲折。早在2017年,亚朵集团董事周宏斌就公开表示,公司已有明确的上市计划,希望三年左右在A股完成上市。随后在2019年6月,亚朵与中信建投签订辅导协议并报送了备案文件。然而一年多时间过去,亚朵酒店的上市进程并未有实质性进展。2021年4月份,有消息称公司放弃A股上市,改道赴美IPO。

(资料来源:根据雷达财经改编)

思考:亚朵是如何进行市场定位和市场增长的,其市场营销战略需要怎样调整?

一、旅游市场营销战略概述

(一)旅游市场营销战略的概念

旅游业的内在关联性、旅游市场的地域组合性等特点使得旅游市场营销战略有着更为丰富的内涵,即有宏观和微观两个层次的含义。

在宏观层面上,旅游市场营销战略更多地指向旅游目的地市场营销战略,是指立足于国家、地区、区域的角度,在现代市场营销观念的指导下,为实现发展旅游业的目标,把旅游业的发展纳入国民经济和社会发展之中,寻求旅游业发展同国民经济和社会发展内在契合的一种有关市场营销发展的总体设想和谋略。

随着文化和旅游业地位的不断提高,文旅深度融合、全域旅游、乡村振兴等不断推进,越来越多的省、自治区、直辖市把旅游业确立为当地经济的支柱产业、先导产业来加以大力培植和发展。从旅游业担负扩大内需的重任、"双循环"发展新格局带来的机遇,突发公共卫生事件带来的压力来看,宏观旅游市场营销战略应在调整区域产业结构的基础上,优化旅游业结构和旅游资源配置,在可以接受的风险范围内,与市场环境保持动态的平衡,把握机会,消除威胁,实现旅游目的地旅游业发展的长远战略目标。

在微观层面上,旅游市场营销战略更多地指向旅游企业市场营销战略,即旅游企业高层经营者在现代市场营销观念的指导下,在准确把握环境变化趋势的基础上,为实现企业的营销发展目标,而对企业在一定时期内市场营销发展的总体设想和谋略。旅游市场营销战略是旅游企业战略管理的重要组成部分,它不同于旅游企业的日常业务管理的"战术性"决策,其为旅游企业的日常业务管理指明了方向和内容,作出了总体框架性规定。正确有效的战略指导,有助于战术性决策的实施和取得良好效果。

旅游市场营销战略是实现营销目标的基本方法、总体设想和整体谋划,是营销目标与手段的有机结合。从本质上讲就是在一定的市场营销环境中,为实现战略目标,对一系列可供选择的战略决策方案进行规划、设计和组合。它在一定程度上折射出现代企业管理者的经营管理理念、作风和水平,反映企业在市场大潮中,对自身能力的认识深度以及对外部局势的前瞻性把握程度。由于每一个现实的旅游企业面临的外部环境和自身营销能力各不相同,故可供选择和具体实施的营销战略也存在差异。

(二)旅游市场营销战略的特点

旅游消费者需求的不断发展和变化,迫使旅游企业着眼于满足旅游消费者潜在的和未来的需求,通过市场营销战略规划设计并提供符合其需求的旅游消费者价值获得可持续生存和发展。结合前人的研究成果,本书将旅游市场营销战略的特点总结为全局性、长期性、系统性、适应性、指导性、竞争性、稳定性、现实性、创新性和风险性。

1.全局性

旅游企业市场营销战略的核心是研究与旅游企业发展密切相关的市场规律,体现了旅游企业全局发展的需要和利益。虽然旅游市场营销战略必然包括旅游企业的局部活动,但这些局部活动是作为总体行动的有机组成部分在旅游企业的市场营销战略中出现的。因此,旅游市场营销战略决定着旅游企业的生存与发展,是旅游企业的重要战略决策之一,具有全局性的特点。

2. 长期性

旅游企业的市场营销战略考虑的不是旅游企业经营管理中一时一事的得失,而是旅游企业在未来相当长一段时期内的总体发展问题。没有着眼于未来的市场营销战略作指导,日常的经营管理就会失去目标和方向。在旅游企业经营管理的实际工作中,很难为市场营销战略设置一个具体的时间界限。经验表明,旅游企业的市场营销战略通常着眼于未来3~5年范围乃至更长远的目标。制定市场营销战略,既要总结历史经验,又要明确当前责任,更要着重未来目标。一个具有战略头脑的领导人不会只顾眼前的利益,而忽视企业长远的利益。

3. 系统性

旅游企业是由各种部门和人员组成的、彼此紧密配合且有机联系的系统。该系统既有层次之分,又有主次和大小之分。对应于各不同层次和各部门系统的战略,是旅游企业总体战略的一部分。而各部门和层次的战略又由更具体的子战略组成,局部应该服从整体。对于旅游企业而言,市场营销战略既是企业战略的组成部分,又是一个子系统,而其自身也包含有若干的子系统。

4. 适应性

旅游企业的市场营销战略必须适应企业的外部环境和内部条件的变化。当市场需求、经济形势、政策与法律、原材料供应等外部环境和企业内部条件发生变化时,旅游企业必须不失时机地作出战略调整。旅游市场营销战略的制定实施应该充分考虑旅游企业内外环境的变化,积极地和有准备地迎接未来的挑战。

5. 指导性

旅游市场营销战略规定了旅游企业在一定时期内基本的发展目标,以及实现这一目标的基本途径,指导和激励着全体员工为实现企业战略目标而努力。因此,旅游市场营销战略不仅为旅游企业的经营管理提供了指导原则,而且还可以通过旅游市场营销战略目标的设置,激发和调动员工为实现企业目标而工作的积极性。

6. 竞争性

旅游市场营销战略是旅游企业在激烈市场竞争中为与对手抗衡而制定的行动方案。制定市场营销战略的目的是克敌制胜。在市场竞争中,旅游企业可以实施进攻性的市场营销战略,也可以实施防御性的市场营销战略。无论采取哪种营销战略,旅游企业都应在审时度势、全面衡量各种因素的基础上作出决策。旅游市场营销战略是企业为了赢得市场竞争的胜利这一目的而服务的。

7. 稳定性

旅游市场营销战略一经制定,必须在一定时期内保持稳定,以发挥市场营销战略的指导作用。同时,由于旅游企业所处环境是不断变化的,指导旅游企业生产经营的战略也应该是动态的,因此,旅游企业市场营销战略稳定性是相对的、有弹性的。

8. 现实性

旅游企业市场营销战略的长远性是以现实性为基础的。制定市场营销战略,离不开对旅游企业未来发展的预测,而科学的预测必须以历史的事实和现实的状况为依据。旅游企业必须从现有的主观因素和客观条件出发,合理地制定市场营销战略目标。长远的旅游市场营销战略必须通过现实的经营管理活动一步一步地实现。没有脚踏实地的工作，市场营销战略只能是纸上谈兵。

9. 创新性

旅游市场营销战略是面向未来的。由于旅游企业所处的外部环境和内部环境时刻都在发生变化，为使旅游企业能够适应内外环境因素的变化，管理者应该在充分考虑各种因素变化的基础上，不断适时地提出具有创新性和前瞻性的市场营销战略。

10. 风险性

旅游市场营销战略是对未来所作的预测，不可能是在信息绝对充分的条件下制定的。环境的多变性和复杂性以及旅游企业自身的条件的不断变化，使得任何战略都是时间的函数，具有不确定性和瞬时性的特点。旅游市场营销战略能否成功实施，往往取决于旅游企业当时的地位、实力以及管理水平，机会往往转瞬即逝，失不再来。机会和威胁经常是可以互相转化的，一次机会就是一份有利的战略资源，谁能及时抓住机会抢先利用，谁就会得到报偿。失去机会的旅游企业，可能会面临巨大的威胁。

二、旅游市场定位战略

菲利普·科特勒认为，现代战略营销的核心可定义为STP市场营销，即市场细分（segmentation）、目标市场（target market）选择和市场定位（positioning）。旅游市场定位战略本质上是为了在特定目标市场树立独特形象并形成独特市场地位，是为了解决为谁服务并要走向何方的问题。

（一）旅游市场细分

1. 概念内涵

市场细分是战略营销活动的基础，也是制定营销战略的关键所在。市场细分的概念是20世纪50年代中期由美国营销学家温德尔·史密斯首先提出的，是指根据消费者需求欲望、购买行为、购买习惯等的差异，把整体市场划分为两个或更多的消费者群体，从而确定目标市场的活动过程。菲利浦·科特勒认为市场细分就是将市场划分为独特的消费者子集，任何子集都可能被选择作为目标市场，受到特定营销组织的影响。

旅游市场细分的对象是旅游消费者群而不是旅游产品，因此旅游消费者需要和消费行为的差异性是市场细分的基础。每一个细分市场都是建立在消费者相似需求的共同特征基础上的。旅游市场细分目的是选择目标市场，即确定服务对象。简而言之，旅游市场细分是指旅游企业根据人们对旅游产品需求的差异性，选择一定标准把整体旅游市场分割为若干具有类似需求和欲望的消费者群，以选择和确定目标市场的行为过程。

2. 重要意义

市场细分思想是现代生产力发展背景下人们需求的差异性和企业资源的有限性、经营的择优性的结果。中国旅游业进入高质量发展新阶段，旅游目的地或旅游企业开展市场细分具有重要意义。其重要意义表现在以下几个方面。

第一，开发新市场。旅游市场细分有利于分析、发掘新的市场机会，形成新的富有吸引力的目标市场。例如河南省在文化强国建设背景下,主打"行走河南·读懂中国"旅游形象,充分发挥历史文化资源优势开发研学、游学市场。

第二,凝聚竞争合力。旅游市场细分有利于制定更有针对性的竞争战略,并围绕特定细分市场汇聚有限资源,集中发力,从而提高企业的核心竞争力。

第三,实施精准营销。旅游市场细分后消费者画像更为清晰,便于有的放矢地针对具体的细分市场制定更为精准的营销策略,形成细分市场相对优势。

第四,满足多元需求。旅游市场细分有利于满足旅游消费者不断变化的、千差万别的需求,通过市场细分,旅游企业可以各显神通,更好地满足消费者需求。

3. 操作方法

市场细分的具体操作包括如下程序。

第一,进行市场调研。对旅游消费者、可能的市场竞争者和企业自身进行市场调研,把握消费者需要什么、竞争者在干什么、企业自身能干什么。

第二,进行市场分析。对旅游消费者的共性需求、差异性需求、未来潜在需求等进行分析,聚焦差异需求。

第三,进行市场细分。结合地理因素(根据地理位置、区域划分、地形地貌、气候特征等细分市场)、人口因素(根据年龄、性别、职业、教育、收入、婚姻、家庭、民族等细分市场)、心理因素(根据生活方式、性格特征、社会阶层、兴趣偏好等细分市场)和行为因素(根据购买动机、购买频次、消费行为特征等细分市场)四类细分标准,按照可衡量、可实施、可盈利、可稳定等原则,进行有效的市场细分。

营销实践
8

4. 细分原则

旅游市场细分不能无限制地进行,需要遵循以下基本原则。

(1)可衡量原则:各细分市场区域分布、需求特点、消费行为和人口特征等能明显区分开来,其人口规模和市场购买力大小等被估算。即划分出来的消费者人群必须具有清晰可辨、可测量的共同特点。不能准确衡量的细分市场是无效的。

(2)可实施原则:细分后的旅游市场是旅游企业能服务好的,可以依托企业资源与能力等进行市场开拓,并为之提供能满足其需求的产品或服务。超出企业市场经营能力范围的细分市场是没有价值的。

(3)可盈利原则:细分出的市场在潜在市场规模方面能够达到有利可图的程度,能够带来足量的令人满意的投资回报,具有可开发的经济价值。不能带来经济效益的细分市场是无意义的。

(4)可稳定原则:细分市场的需求特征、市场规模等具有相对稳定性,如果变化太快、太大,会给企业营销组合策略带来巨大挑战,增加营销资源分配重新调整的损失。

营销实践
9

(二)旅游目标市场选择

"为谁的需要服务"是企业的一种经营抉择,这种抉择是在市场细分的基础上选择目标市场。旅游目标市场是旅游企业在细分市场的基础上,选定作为其服务对象的市场群。市场细分是目标市场选择的前提和基础,目标市场则是市场细分的目的和归宿。

1. 目标市场选择应考虑的因素

在诸多细分市场中选择目标市场需要科学评估,具体而言要充分考虑以下因素。

(1)细分市场规模和增长潜力:理论上而言,理性的目标市场是能带来较大的销售额、较高的市场增长率、较大的经济利润。当然细分市场是否具有吸引力,除了这一点,还受旅游企业市场竞争力的影响。

(2)细分市场的结构吸引力:选择目标市场还要评估细分市场的长期盈利能力,即是否具有较强的结构吸引力。哈佛大学教授迈克尔·波特于20世纪80年代初提出的"五力模型"指出,市场的长期盈利性取决于五种力量,即现有竞争者、潜在进入者、替代者、购买者、供应者。这些都是选择目标市场时需要面对的新的因素。

(3)企业自身的目标和资源:所选取的目标市场必须与旅游企业的经营目标和企业形象符合,与企业所拥有的人、财、物、信息、技术等资源相匹配。

2. 目标市场选择模式

一般而言,目标市场可以不止一类,但往往需要按重要性程度进行分类并提供与之相匹配的产品或服务。对不同细分市场进行评价后,决定进入哪一类或哪几类细分市场,可以采用五种模式。

(1)产品市场集中化模式:旅游企业只选取一类细分市场并推出一种旅游产品集中经营。例如某教育旅行社按照职业将旅游市场细分为学生市场、公务员市场、企事业单位职员市场等,选取目标市场时,决定只为学生市场提供研学旅游产品。这种模式特别适合小微企业或旅游企业成立初期。

(2)产品专业化模式:旅游企业同时为多类细分市场集中推出一种旅游产品。例如某旅行社按照地理区位,将市场细分为欧美市场、日韩市场、东南亚市场、国内市场等,选取目标市场时,决定选取欧美、日韩和东南亚市场,并只提供观光旅游产品。这种模式有利于做优、做精产品,在特定产品领域树立良好声誉,但这种"一招鲜"也会面临产品替代和市场需求转移等风险。

(3)市场专业化模式:旅游企业只选取一类细分市场作为目标市场,并为其提供多种旅游产品和"一条龙"式服务,从而满足特定顾客群的全方位旅游需求。例如某乡村旅游度假区按照旅游目的,将市场细分为观光旅游市场、休闲度假市场、研学教育市场等,选取目标市场时,只选取休闲度假市场,并为其提供餐饮、住宿、娱乐休闲、农事活动等多类旅游产品,满足顾客全方位度假需求。这种模式有利于最大化顾客带来的价值,增强顾客品牌忠诚度,但往往对企业市场需求研判和产品创新能力等要求较高。

(4)选择性专业化模式:旅游企业选择若干细分市场并分别提供有针对性的特定旅游产品。例如某大型旅行社向欧美市场提供生态旅游产品,向国内市场提供一日游观光产品等。这种模式有利于企业为特定市场提供特定产品,做到定制化营销,且由于市场多元、经营类型多样,有利于分散经营风险;但对企业的市场驾驭能力和资源配置能力要求高。

(5)覆盖全部市场模式:旅游企业面向整个旅游市场,推出多类旅游产品去满足不同顾客群体的需求。例如某大型酒店集团,面向高、中、低端各类市场,推出奢华型、轻奢型、经济型等多种品牌酒店客房服务。这种模式对企业综合实力要求高。

(三)旅游市场定位

市场定位是20世纪70年代由美国两位资深广告和营销策划专家艾尔·里斯和杰克·乔特提出的。旅游市场定位是根据所选定目标市场的竞争状况和企业自身等因素的分析,塑造出旅游企业和产品在目标市场中的鲜明特色、独特形象和有价值的位置的行动过程。旅游市场定位实质上包括目标市场定位、市场形象定位和企业或产品发展方向定位。

1.旅游市场定位的步骤

市场定位是一个差异化营销战略实施的过程。准确有效的市场定位需要经历如下几个环节。

(1)分析目标市场选择旅游企业或产品时最看重的标准:一般而言顾客选择和购买某类产品时,心中会有一些选择标准并且各个标准的重要程度也可能有差异,如有吸引力的价格、温馨的服务、独特的文化符号、特定的功能需求等。这些都可能是市场定位的来源。

(2)分析竞争对手的优劣势或市场定位:市场定位应与竞争者形成差异,因此有必要分析竞争对手的市场定位、价值主张、营销优劣势等,尽可能挖掘与众不同的定位主张。

(3)分析旅游企业自身具有的可能的竞争优势:一般可以从自身资源差异、产品差异、服务差异、区位差异等挖掘核心竞争优势。

(4)选择适当的竞争优势:基于上述三个方面的分析,可以根据差异点重要性(顾客看重)、优越性(比竞争者更优)甚至是独特性(人无我有)、可沟通性(便于推广)、经济性(顾客为差异买单的接受度高)、盈利性(差异化预期收益高于差异化成本)、专有性(有一定垄断或难以模仿的优势)等选择适当的竞争优势,这就是市场定位的价值诉求点。

(5)用定位申明和其他营销组合来传播定位:把选定的竞争优势凝练成简洁明了的定位申明,如一句口号,并通过产品、价格和渠道和促销等营销组合对定位申明向目标市场进行广泛传播。

(6)按照定位申明搞好企业经营:要将目标市场定位与企业经营有机衔接,让顾客感觉名副其实,从而在目标市场中持续强化定位申明,实现旅游市场定位的价值。

2.旅游市场定位的方法

市场定位的具体方法是多种多样的,总体上可以从消费者、企业自身和竞争者三个视角寻找合适的方法。常用的市场定位方法有六种。

(1)根据产品特色进行定位:根据产品特色进行定位是指这些特色恰好可以给目标市场带来独特顾客价值。例如便捷的地理位置、独特的文化内涵、有特色的装潢设计、新颖的服务方式等。例如禧玥酒店作为华住酒店集团旗下的高档商务酒店品牌,定位为繁忙差旅中一段度假式的住宿体验。洛阳栾川基于自身突出的生态资源优势,定位于"奇境栾川,自然不同"。安徽巢湖经济开发区三瓜公社按照"冬瓜民俗村""西瓜美食村"和"南瓜电商村"三大主题定位,对民居进行重新定位设计,构建起"线下实地体验、线上平台销售,企业示范引领、农户全面参与,基地种植、景点示范"的产业发

理论拓展 3

展模式,围绕民俗、文化、旅游、餐饮、休闲等多个领域,综合现代农特产品的生产、开发、线上线下交易、物流等环节,探索出一条信息化时代的"互联网+三农"之路。

(2)根据价格—质量之间的关联进行定位:根据价格—质量之间的关联进行定位主要是从豪华、性价比高、经济实惠等角度挖掘定位。例如开元酒店集团旗下的开元名都酒店定位于将东方文化与国际标准完美融合的超豪华酒店。

(3)根据产品的用途或功能差异进行定位:根据产品的用途或功能差异进行定位是指给顾客带来的消费预期或核心利益。例如同样位于洛阳市的新安县基于给旅游者带来的预期定位于"来得新安,自然心安"。开元酒店集团旗下的曼居酒店定位于"'曼'享人生",致力于为新中产消费者提供高品质的"曼"享旅居体验,让顾客在入住中发现日常之美,"曼"享生活之趣,在快节奏的工作之余恢复自己的最佳状态,做一个真正的"曼"游者。

(4)根据产品的使用者进行定位:根据产品的使用者进行定位是在定位申明中明确指出具体的目标市场或是与其产品有某种联系的有影响力的名人,如曲阜——孔子故乡。

(5)根据产品的类别进行定位:根据产品的类别进行定位是在定位申明中明确指出属于何种类型产品,如乡村民宿不是强调酒店,而是定位于乡村微度假区;温泉酒店定位于温泉疗养中心。

(6)根据竞争者进行定位:根据竞争者进行定位通常有比附定位、高级俱乐部等操作方法,如定位为"小三峡""北方九寨沟""东方威尼斯"等。

总之,定位方法是多样的,但不管采用什么类型定位方法,市场定位结果必须是成功地创立以顾客为基础的独特价值主张,给顾客一个令人信服的消费理由。

3.旅游市场定位的原则

有效的旅游市场定位需要符合以下三大原则。

一是真实性原则,定位必须立足于企业或产品特征,凭空虚构的站不住脚。

二是识别性原则,定位必须区别于其他企业,特别是竞争对手。

三是魅力性原则,定位必须符合目标市场所看重的某种或某些利益。

三、旅游市场竞争战略

旅游市场定位战略解决了企业为谁服务、企业要走向何方的战略问题。旅游市场竞争战略则是解决企业发展壮大进程中保驾护航的战略问题。竞争战略从一定意义上讲是源于企业对决定产业吸引力的竞争规律的深刻理解。旅游市场竞争战略是旅游企业根据竞争者分析和市场中的竞争地位分析而采取的相应战略。

(一)竞争者分析

为了制定有效的竞争战略,旅游企业需要尽可能对其竞争对手做一个全面分析,需要经常将自己的产品、价格、分销渠道和促销与其主要竞争者的产品、价格、分销渠道和促销进行比较。这样,企业才能找到自己潜在的竞争优势,在市场竞争中做到游刃有余。竞争者分析的主要步骤如下。

1. 识别企业的竞争者

旅游企业一般都面临着四种类型的竞争者,即愿望竞争者、一般竞争者、产品形式竞争者和品牌竞争者。判断是否属于自己的竞争者、属于哪种类型的竞争者,其主要依据在于旅游企业或产品所面向的目标市场是否一致或相似,如果有着共同或相似的目标市场则构成竞争,尤其是产品相似、目标市场相同、价格接近。

2. 确认竞争者的目标

旅游企业应注重动态把握主要竞争者的销售额目标、利润目标、市场开拓目标、品牌目标、产品研发目标等目标组合。

3. 判定竞争者的竞争策略

企业之间的竞争策略是多样的,有价格竞争、文化竞争、产品质量竞争、行业标准竞争、品牌形象竞争、技术竞争、顾客关系竞争、销售推广竞争等。"一流企业做标准,二流企业做品牌,三流企业做产品""一流企业有大学、二流企业有研发、三流企业有的只是生产车间"等俗语反映了不同企业的竞争之道。

4. 评价竞争者的优劣势

要着重分析竞争者的资源链、产品链、技术链、供应链、资金链、社会公众链等方面的优劣势状况,这是其制定竞争战略的根基。

5. 估计竞争者的反应模式

每个旅游企业都有自己的经营哲学、价值观念、企业文化、经营信条等。这会对其应对市场竞争的态度、方式产生不同影响。一般而言,企业竞争反应模式有以下四种:一是从容不迫型,即对其他企业的市场行动不做出迅速反应或反应不强烈;二是选择型,即只对某些类型的攻击作出反应,而不理睬其他类型的攻击;三是强烈型(凶狠型),即对所有的攻击都作出迅速反应;四是随机型,即并不表现出固定的反应模式,它对于其他企业的攻击行动可能作出反应,也可能不作出反应。

6. 选择主要攻击、回避或合作的竞争者

结合旅游企业自身的发展目标和市场地位,根据上述竞争者的分析,理智选择主要攻击或暂时回避的竞争者,并制定相应竞争策略。同时为更好地创造顾客价值优势,也要更多考虑市场合作,与竞争者开展多种形式的合作,联合扩大市场影响力、做大市场"蛋糕"、提高顾客满意度。旅游业具有很强关联性、综合性,从长远发展来看,旅游企业应致力于构建既有竞争又有合作的新时代竞合关系。

(二)四类企业竞争战略

根据旅游企业在市场中的竞争地位,可以将企业分为市场主导者、市场挑战者、市场跟随者和市场利基者,这四类企业的竞争战略有很多差异。

1. 市场主导者竞争战略

市场主导者也称为市场领先者,在行业中占据统治或支配地位,具有很大的市场影响力,是市场竞争的风向标,如以旅游为核心主业的央企、综合性旅游企业——中国旅游集团有限公司、在线旅游服务商——携程集团等。

市场主导者竞争战略通常有三个重点:一是开拓市场总需求。通过开发新的目标市场,开发现有旅游产品的新内涵、新用途,吸引回头客,增加特定旅游产品的使用次数等途径带领其他企业致力于扩大旅游行业发展影响力,提高旅游市场总需求,实现旅游产业增加值在国民经济中的比重不断扩大。二是保护企业现有市场份额。对于具有一定市场垄断性的旅游企业,竞争战略重心不是继续扩大市场份额,而是做好市场防御,巩固现有顾客关系。三是扩大市场份额。对于市场领先优势不是很明显的旅游企业,竞争战略重心在于继续扩大市场占有率,从而扩大领先优势。

2. 市场挑战者竞争战略

这类企业市场地位不及市场主导者,但保持强势竞争态势,渴望成为未来市场主导者,其竞争战略重心是扩大市场份额。可以结合旅游产品优势、市场区域范围和发展阶段,有选择性地从市场主导者、实力相当者、弱小企业处夺取市场份额。

3. 市场跟随者竞争战略

这类企业参与竞争但不影响其他竞争者的市场地位,通常属于地方性旅游企业。其竞争战略重心在于和平共处、共同发展,通常是采取市场跟随策略,即效仿主导者为区域市场提供类似的旅游产品和服务。一般而言,市场跟随者注意不要侵犯市场主导者,也不要在市场上过度张扬,同时注意积累自己实力,打好防御战。

4. 市场利基者竞争战略

市场利基者在西方被称为"狭缝市场"经营者。这是力量最弱、数量最多的旅游小微企业,如分布在各地的单体酒店、旅行社、餐饮店等。这类企业竞争战略重心是通过专业化经营获取较为稳定的收入,因此要善于钻市场缝隙,并充分发挥"船小好掉头"的优势。一般选取在特定区域范围内,服务于特定的客户,提供特定的产品或服务。

(三)基本竞争战略

根据美国哈佛大学教授迈克尔·波特在《竞争战略》中提出的基本竞争战略(图4-1),旅游企业可选用的基本竞争战略包括成本领先战略、差异化战略和集中化战略。各类战略优势与风险如表4-1所示。

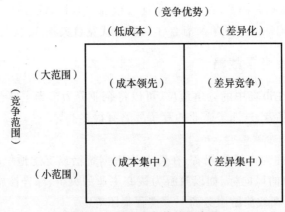

图4-1 基本竞争战略示意图

表4-1 基本竞争战略的竞争优势及风险

一般竞争战略	竞争优势	风险
成本领先战略	(1)获得高于行业平均水平的利润； (2)有效抵御竞争对手的竞争； (3)使企业享有价格主动权，能有效应对讨价还价	(1)成本控制变化风险； (2)竞争对手低成本模仿； (3)过分关注成本可能会忽视顾客的喜好
差异化战略	(1)促使顾客对品牌保持忠诚； (2)给企业带来溢价和高利润； (3)形成强有力的行业进入壁垒	(1)差异化成本高； (2)顾客日趋成熟； (3)竞争对手的模仿
集中化战略	(1)可以发挥独特资源优势，更好地服务特定市场； (2)可以避开行业中的各种竞争力量，针对竞争对手最薄弱的环节采取行动； (3)目标集中、明确，战略管理过程易于控制，从而带来管理上的便利	(1)狭小的目标市场导致的风险； (2)顾客群体之间需求差异变小； (3)竞争对手的进入与竞争

1.成本领先战略

旅游企业致力追求低成本地位，努力在全行业范围内保持低成本，利用低成本获得长期的价格竞争优势。值得注意的是，它与削价战略有本质的区别。后者往往以牺牲企业利益为代价，甚至是亏本运营。而成本领先的指导思想并不是打价格战，而是通过在全行业成本最低享有价格主动权，获取持久的竞争优势。大型旅游集团往往通过规模化经营、多元化经营、智慧化运营，发挥规模经济、范围经济和管理经济优势，实现成本领先优势。如携程拥有世界上领先的旅游业服务联络中心，拥有1.2万个坐席，呼叫中心员工超过10000名。携程在全球200个国家和地区与近80万家酒店建立了长期稳定的合作关系，其机票预订网络已覆盖国际国内绝大多数航线。规模化的运营不仅可以为会员提供更多优质的旅行选择，还可以保障服务的标准化，确保服务质量，并降低运营成本。

2.差异化战略

成本领先战略适用于大型旅游集团，更多旅游企业应采用差异化竞争战略，即致力于创造有显著差别的旅游产品和营销组合，使所提供的顾客价值在全行业范围内独具特色。差异化可以表现在很多方面，本质上属于创新创意驱动发展。

3.集中化战略

前两个竞争战略都适用于较大市场范围，如面向全国或全球范围内的大型或超大型旅游集团。数量更多、分布更广的中小型甚至微型旅游企业则可以采用集中化战略，即经营活动集中于某一特定的购买群体、产品线的某一部分或某一地域市场上的一种战略。集中化战略可以是成本集中，即聚焦在特定市场范围内，具有成本优势；也可以是差异集中，即聚焦在特定市场范围内，具有差异化优势。

（四）价值链竞争战略

迈克尔·波特提出价值链的概念并把对其管理作为企业在竞争中获取竞争优势的重要战略。在全面推进旅游业高质量发展新阶段，无论是旅游企业还是旅游目的地，注重价值链竞争将成为新时代重要竞争战略。旅游产业价值链是由多个企业组成的旅游产业联盟。价值链竞争是指一定区域范围内的旅游产业联盟通过整合营销，打造旅游产业利益共同体，塑造整体形象、降低整体运营成本、形成整体竞争优势，最终的目的是实现旅游产业价值链的整体增值。

四、旅游市场增长战略

旅游市场增长战略是要解决达成旅游企业定位的实现方式与路径问题，即"如何到达目的地"，通俗而言就是如何做优、做大、做强。市场增长战略是实现企业在原有发展水平上向更高目标迈进的战略，是企业由小到大的必经之路，在企业发展壮大的整个生命周期中随处可见。增长战略能够促使企业不断地扩大经营规模甚至范围以便获得更多的市场份额、更大的市场空间和更强的竞争优势。旅游市场增长战略主要有三种方式，即密集型增长战略、一体化增长战略和多元化增长战略。

（一）密集型增长战略

密集型增长战略是在企业原有业务领域里寻找新发展机会的增长战略，主要包括以下几种战略路径。

1. 产品开发

产品开发是指通过对旅游企业原有的产品或服务进行研发、改进或创新，以此来扩大旅游产品或旅游服务的销售。如重新设计新的旅游产品或增加新功能、新应用等，努力打造反映某一文化的系列旅游产品，这种战略具有一定程度的创新开拓性。

2. 市场开发

市场开发是指利用旅游企业原有旅游产品或旅游服务开拓新的市场，如进入新的市场区域开设分店或发展加盟店，以此来扩大旅游产品或旅游服务的销售范围或增加新的销售群体，从而增加销售额。市场开发是扩大市场范围及份额的重要战略方式。

3. 市场渗透

市场渗透是由旅游企业现有产品和现有市场组合所产生的战略，希望通过对现有旅游产品进行小的改进，通过多种营销手段来吸引现有目标市场中更多的客户，提高产品的市场占有率。如旅游企业对现有客户市场强化市场推广，让更多未曾消费的目标市场顾客来消费，实现销售额的增加。

（二）一体化增长战略

一体化增长战略是指旅游企业在现有行业范围内开辟或兼并重组相关业务，是企业往深度、往广度发展的一种战略。一体化增长战略包括纵向一体化战略及横向一体化战略。纵向一体化战略又可划分为前向一体化及后向一体化两种类型，属于上游、下游业务拓展,实现产供销一体化发展。其中,前向一体化指的是向原来的合作商、分销商或客户等进行战略投资或将其发展成为集团成员以实现更大规模增长;后向一体化指的是向原来的供应商、技术服务商等进行战略投资或将其发展成为集团成员以实现更大规模增长。横向一体化战略主要是依托现有产品,向类似竞争对手进行战略投资或收购,或自己开发类似业务,实现高、中、低档全方位拓展。

如锦江国际集团在横向一体化发展方面,先后收购法国卢浮酒店集团、铂涛酒店集团、维也纳酒店集团并战略投资法国雅高酒店集团,2018年锦江国际集团又成功收购丽笙酒店集团。截至2020年底,集团投资和管理酒店已超过10000家,旗下客房数超过100万间,拥有"J酒店""锦江""昆仑""丽笙(Radisson)""郁锦香""锦江都城""康铂""维也纳酒店"等众多高、中端及经济型品牌,分布中国31个省(自治区、直辖市)和世界120多个国家,会员超过1.5亿,跻身酒店业国际权威期刊《HOTELS》公布的2020年度"全球酒店集团225强"第二位。锦江国际集团在纵向一体化发展方面,向旅行社、旅游交通、旅游交易拓展,拥有的锦江旅游,成为中国旅行社行业的龙头企业之一,位列中国旅行社品牌20强。拥有的锦江客运物流,有超过10000辆中高档客车,综合接待能力位居国内领先。集团还拥有中瑞合作锦江国际理诺士酒店管理学院,负责中、高级酒店管理专业人才培训。

(三)多元化增长战略

多元化增长战略主要指向旅游行业范围外的富有吸引力的新业务拓展,实现旅游企业大规模扩展。多元化增长战略可以分散经营风险,具有"西方不亮东方亮"的特点,而且可以把多向开发新产品和多个目标市场有机地结合起来,多方面地、长久地占领市场,提高了企业的应变能力和顾客综合服务能力。不足之处在于有可能引发债务危机,严重时可能导致企业破产;另外不同行业运用管理模式有差异,也可能带来经营风险。

例如,锦江国际集团向地产、金融、实业等领域拓展,成为上海市国资委控股的中国规模较大的综合性酒店旅游企业集团之一,注册资本20亿元。拥有酒店、旅游、客运三大核心主业和地产、实业、金融等相关产业及基础产业,控股(或间接控股)"锦江资本""锦江酒店""锦江在线"和"锦江旅游"四家上市公司。

营销实践 12

> **营销感悟**
>
> 人贵有志,当志存高远。旅游企业应在正确认识自身实力水平的基础上,科学制定适合企业自身的旅游市场营销战略,助力实现企业愿景。只要路走对了就不怕遥远,当代大学生是旅游业未来的掌舵者、建设者,要树立远大的理想抱负,不断践行社会主义核心价值观,见善则迁,有过则改,争取早日为行业发展贡献自己的力量。

实践实训

1. 请自选一个大型旅游集团或知名旅游目的地,分析其主要品牌和产品及其市场定位战略。

2. 请自选一个大型旅游集团,系统梳理其发展历程,分析其市场增长战略。

第三篇

营销策略篇
创新顾客价值呈现

第五章
旅游产品策略
——顾客价值谋划

教学导引

学习目标:理解旅游整体产品层次与运用,掌握旅游产品组合策略,熟悉旅游产品生命周期营销策略,了解旅游产品品牌营销策略,培养学生创新精神,掌握旅游新产品开发策略。

重点难点:旅游整体产品概念、旅游新产品开发。

素养目标:本章素养目标主要聚焦初心使命教育,引导学生不忘初心、牢记使命,勇于创新。讲授旅游整体产品概念时,通过核心产品概念及其内涵讲授,引导学生对初心使命的思考;讲授旅游新产品开发时,通过列举系列旅游新产品案例及其影响,着重培养学生的大胆设想、创新的精神,激发学生创新意识,并让学生动手设计一款旅游新产品。在讲授旅游产品品牌营销策略时,引导学生明白品牌是关乎文化自信的重要因素。

案例导入

故宫超级IP打造记:故宫是怎么一路火起来的?

作为一个拥有600多年历史的文化符号,故宫是一个巨大的IP宝藏、IP综合体,在每个历史人物以及文物背后,都能延展出无数动人故事与巨大商业价值。

1.2012—2015年——改变故宫的人和点亮故宫的那一划火柴

说到故宫,不得不提及的人,就是院长单霁翔。如果把故宫博物院比作一家企业,那他就是企业的CEO。2012年他上任后便开始了故宫IP的转型与打造,他不仅走遍了故宫9371间房子,争取到领导划批4个亿的文物保管预算,凭借段子走红网络,更看到了相隔1700多公里外的台北故宫博物院"划亮的那道火光"。

2013年,台北故宫博物院推出的"朕知道了"纸胶带受到市场的热捧,也在国内社交媒体上爆红。单院长看到了故宫IP在文创上蕴含的巨大潜力,开始了故宫超级IP计划。2013年,故宫开始运营微信公众号,早期文章风格比较平实、内容比较严肃,无人设定位,直到2014年"画风一转"。2014年,"故宫淘宝"在发布了公众号文章《雍正:感觉自己萌萌哒》后引起广泛关注。该文章里,雍正一改严肃庄严的古代皇帝形象,通过反差感"卖萌",成为了故宫品牌下的第一个IP代言人。可以说,新媒体运营的成功,是故宫IP火起来的一大关键,如今"故宫淘宝"的微信推文阅读量很多高达10万,先是科普故宫传统文化,然后再卖起文创产品。

另外,自2013年首次试水开发上线App"胤禛美人图"以来,目前故宫博物院共上线了"紫禁城祥瑞""皇帝的一天""韩熙载夜宴图""每日故宫""清代皇帝服饰""故宫陶瓷馆""掌上故宫"等多款App。故宫App制作精良已经成为业内共识,其中不少App曾入选苹果商店的年度精选。通过手机App应用,用户互动不再局限于线下。产品制作的出发点是为了帮助更多人了解故宫文化以及背后的故事,尽管不是营利性的产品,但通过对自身IP的挖掘,仍通过文创产品带来相当可观的销售收入。

2.2016年——打破围墙,线上跨界活动

2016年,一则《穿越故宫来看你》H5在朋友圈中刷屏,同样通过反差人设"卖萌",让鲜活、年轻化的故宫IP真正意义上进入大众视野。这支H5其实是腾讯NEXT IDEA与故宫的一次跨界合作,目的是为QQ表情创作大赛做宣传,但从此打开了故宫IP跨界玩法的序幕,卡地亚、Kindle、QQ音乐、抖音、小米、百雀羚等争先恐后地向故宫抛出合作的橄榄枝。众多的品牌联合,覆盖了几乎全年龄段受众,尤其受年轻群体喜爱,成功地向所有人展现了一个历史悠久,但又活力迸发的新故宫IP。

3.2017年——"卖萌"卖出的15亿

单霁翔院长曾晒出2017年故宫文创的成绩单,仅2017年一年,故宫文创的销售收入就已经达到15亿元,在售文创产品种类超过1万种。据报道,目前故宫专门从事文创方面的工作人员就有150多人,分布在文化创意产品策划、设计、生产和销售各个环节。那么,故宫的文创产品为什么会受欢迎?

首先,故宫文创产品做到了产品创意娱乐化,其中创意最为重要,这也是文化产品和文化创意产品的区别,通过历史改编,传统庄严的文物、古人形象加入了萌化、趣味化的元素以及表现方式,形成反差感创意;其次,通过用户驱动,在新媒体渠道中,用表情包等方式与用户交流,激发用户创意;最后,通过IP授权,与多品牌跨界联合,通过不同的品牌组合,碰撞出更多创意产品,覆盖更多不同的群体、持续制造话题热点及影响力。

4.2018年——口碑影视综艺收获流量

除了线上的各类品牌联动,故宫当然没忽视在影视方面的投入,从纪录片到综艺节目均有涉及。故宫共推出了包括《故宫》《故宫100》《故宫往事》《我在故宫修文物》《故宫新事》5部豆瓣高分纪录片,2018年上线了《国家宝藏1》《国家宝藏2》《上新了·故宫》三档综艺节目,豆瓣评分均在8分以上,每一项都口碑不俗,实属难得。

2016年的纪录片《我在故宫修文物》,以年轻文物修复师的视角,通过文物修复工作,展示了故宫以及故宫文物许多不为人知的生活及秘密,成为了当年的爆款纪录片。故宫不仅有了像雍正这样的古人IP,还有了接地气的工匠"网红"。

随后2018年播出的《国家宝藏》系列,豆瓣评分更是高于9分,在明星、综艺的双重加持下,成功挖掘出了故宫IP下更多潜力巨大的子IP,是价值连城的文物古董IP,也是文物背后古人的IP。

另外，2018年末，故宫旗下的两家官方机构"故宫文创"和"故宫淘宝"均推出彩妆，朋友圈刷屏之后便一货难求，成为了"国潮"品牌中的最新代表。

5.自带风景的事件营销操作

2019年元宵节的"紫禁城上元之夜"正是故宫在事件营销的最佳案例，故宫博物院官网先发布了活动时间以及票务预约消息，然后再提前发布故宫建筑群提前点亮造势的夜景图，既是首次举办灯会活动，又是首次夜间接受公众预约，踩准元宵节的时间点，成功刷屏了一波节日事件营销，朋友圈中更是一票难求。

在故宫这片土地上发生的事件，往往都是自带风景、话题的营销事件，不管是元宵节的夜景，还是紫禁城的初雪。除了自带风景的"墙内"事件营销，故宫也擅长自造"人设"，在电商平台、新媒体平台上卖"软萌"人设，在刷屏的H5后，推"卖萌"表情包，该有的事件热点，几乎从不错过。

6.国民IP的未来

故宫是一个巨大的IP宝藏，同时也是一个IP综合体，拥有着数量众多的子IP，而在每个历史人物及文物背后，都能延展出无数动人故事与巨大商业价值。相比于全球最大IP玩家迪士尼，故宫可挖掘的内容实在太多。

接下来故宫要做的，应该会是在IP发掘、衍生品打造上继续创新拓展，同时在内容方面不断输出，既需要传统的文化内容，也需要根据时代变化，输出新的内容，让这个600多岁的IP不断保持活力，走向世界。

（资料来源：整理自人人都是产品经理专栏，http://www.woshipm.com/marketing/1963188.html）

思考：故宫文创产品深受市场欢迎的原因有哪些？新形势下旅游产品营销创新呈现哪些新趋势？

旅游市场营销策略的制定首先是旅游产品营销策略的制定，以期创造与众不同的顾客价值，满足旅游者美好旅游生活的需求。旅游产品是创造顾客价值的核心载体，与顾客需求痛点直接相关。作为旅游市场营销组合四大要素之一的旅游产品策略，不仅是旅游企业赖以生存和发展的基础，也是旅游企业开始其经济活动的出发点。

一、旅游产品与产品组合

（一）旅游产品的概念

旅游产品是旅游企业的核心竞争力，也是旅游市场的核心。旅游产品是一个综合性概念，有广义和狭义之分。本书主要探讨广义的旅游产品，即总体层次上的旅游产品（包括食、住、行、游、购、娱等方面）。广义的旅游产品是从旅游供给或旅游者的角度进行定义的，其中典型的定义包括：旅游产品是指旅游经营者为了满足旅游者的物质与精神需要，向旅游市场提供的一种特殊产品；旅游产品是指旅游服务诸行业为了满足旅游者在旅途中的生活需要和旅游活动需要而提供的各类服务的总称；从旅游目的地的角度出发,旅游产品是指旅游经营者凭借旅游吸引物、交通和旅游设施向旅游者提供的用以满足其旅游活动需要的全部服务;从旅游者的角度出发,旅游产品是指游客花费一定的时间、费用、精力所换取的一次旅游经历。狭义的旅游产品是指旅游商品,包括旅游消费品、旅游日用品和旅游纪念品等。

本书认为,旅游产品是指通过交换能够满足旅游者在旅游过程中所需要的产品和服务的总和。旅游产品既包括旅游资源、旅游设施、可供旅游者使用的各种物品,也包括各种形式的旅游服务。例如,饭菜作为餐饮服务业的主要产品,用于满足旅游者吃的需求;酒店的客房作为一种旅游产品,可以满足旅游者住宿的需求;交通工具可以帮助旅游者实现空间位移,从而满足旅游者对行的需求;旅游景点、旅游商品和娱乐设施能够满足旅游者在游、购、娱等方面的需求。此外,通信、保险、金融、医疗等均可作为旅游产品,满足旅游者在旅游过程中的某种需求。因此,只要在旅游市场上形成一种需求,就会相应地产生一种旅游产品去满足这种需求。也就是说,旅游产品除了包括有形的实物产品,还包括无形的服务,在一定程度上甚至可以说,无形的服务更能决定一个旅游企业的成败。无形的服务在旅游产品中所占的比重将会越来越大。

(二)旅游产品的特征

旅游产品是由旅游资源、设施和各种服务组合起来的组合型产品。与其他产业的产品相比,旅游产品既有共性又有自身的特征,主要表现在以下几个方面。

1.无形性

旅游企业卖给旅游者的旅游产品不是看得见、摸得着的物质产品(不像电冰箱、洗衣机等),而是一种非物质产品。旅游产品主要表现为旅游服务,旅游产品的价值和使用价值不是凝结在具体的实物上的,只有旅游者旅游时旅游产品的价值才会实现。只有不断提高旅游服务质量和服务水平,才能提高旅游产品质量,满足旅游者的需求。旅游者在购买前,促使其作出旅游决策的是对旅游目的地的印象,购买的是旅游过程中的服务,最终获得的是一段美好的经历和回忆。比如旅游者到桂林旅游,在旅游的过程中看到的风景是有形的,体验到的当地少数民族文化及感受到的当地居民的纯朴、热情是无形的,二者的结合就是旅游产品的有形性与无形性的展示,但最终获得的主要是无形的。

2.综合性

旅游产品的综合性源于旅游活动,旅游活动的社会性和旅游需求的复杂性决定了旅游产品的综合性,旅游产品是由物质产品、精神产品及旅游服务等多种成分构成的综合性产品,旅游产品的综合性是为了满足旅游者千变万化的需求。独特的旅游产品是有技术含量的、独特的甚至是有知识产权的产品,往往具有不可替代性、不可模仿性、不可抄袭性的特征。而一般的旅游产品则不具备这些优质特点,极容易被同行所模仿、替代和抄袭。旅游产品内容广泛,涉及旅游吸引物、交通机构设施、住宿餐饮设施、娱乐设施和多项服务,涉及部门多,创造经济效益的机会多,更凸显了旅游产品的综合性特征。

3. 空间的不可转移性

旅游产品同一般商品一样，必须通过市场交换才能实现其价值和使用价值。一般商品一旦被消费者购买，它的所有权就随之转移。而旅游产品被消费者购买后，其价值和使用价值虽得以实现，但一般情况下旅游产品并未发生空间的转移，其所有权也未发生变化（转移），即在这个交换过程中没有物流，也没有商流。这说明旅游产品的出售实质上不是一般意义的买卖，而是租借。例如，旅游者支付一定费用购买到风景区游览的权利，实际上就是租借一定时间的旅游目的地的空间。又如，旅游者购买飞机票乘机，他只得到了一架从出发地飞到目的地的飞机上的一个座位的使用权。旅游产品离不开一定的空间条件，旅游服务所凭借的旅游资源和旅游设施是无法从旅游目的地运输的，旅游产品通过交换不发生所有权的转移，而旅游产品的空间不可转移性对于旅游目的地的发展有一定的优势，如旅游产品可以重复使用、旅游目的地拥有产品所有权。

4. 文化内涵性

消费者的需求虽然多种多样，但从深层意义上来说，旅游是为了满足高层次的精神文化需求，是为了增加社会阅历、增长见识和提升自我对世界的感知能力。因此，旅游产品具有文化的内涵性。例如，以文物古迹和历史遗址为重点的科考旅游产品、以民族文化为特点的文化旅游产品、以大型会展活动为核心的会展商务旅游产品、以特色农业为主的农业旅游产品等。旅游产品只有具有了丰富的文化内涵，才能实现旅游消费者所追求的文化目标。

5. 易波动性

旅游产品价值和使用价值的实现受生产本身因素的影响，同时也较易受到外部环境的不可抗力因素的影响。具体原因如下：其一，任何一个旅游企业单项旅游产品质量或内容的变化都会直接影响旅游产品；其二，旅游产品受节假日、季节等外部因素的制约；其三，战争、政治动乱、政府政策、国际关系、经济状况、贸易关系及血缘文化等经济、政治、文化的因素会影响旅游需求的波动，例如，疫情使得旅游业受到重创，这些事件具有突发性，难以控制，从而造成经济收入的不稳定性。

（三）旅游产品的层次

1. 整体产品概念

美国哈佛大学教授西奥多·莱维特提出，从消费者视角来看，消费者购买的产品是整体产品概念。他认为一项完整的产品由基本产品、期望产品、延伸产品和潜在产品四个层次构成。自整体产品概念提出后，不少学者为了更好理解整体产品概念，形成了三分法、四分法和五分法几种说法。例如，菲利普·科特勒认为，在设计产品时要考虑核心利益、基础产品、期望产品、附加产品、潜在产品五个产品层次。结合旅游产品特点，从市场营销视角来看，三分法更适用于旅游产品层次分析，即旅游企业需要从核心产品、形式产品、附加产品三个层次上来研究旅游产品（图5-1）。

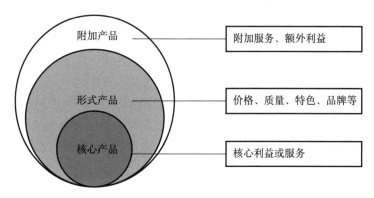

图5-1 旅游产品的层次

(1)核心产品:旅游产品的最基本层次是核心产品,是体系满足顾客核心利益的主题概念,即旅游产品满足旅游者生理需要和精神需要的效用,是与旅游资源、旅游设施相结合的旅游服务,主要表现为旅游吸引物的核心功能,如某种想法、情感、气氛、感觉和收益。通常是为解决顾客需求痛点而设计的独特利益诉求。核心产品的不同是旅游产品差异化的重要基础。

(2)形式产品:形式产品又称为实际产品,是核心产品借以实现的形式或目标市场对某一需求(核心利益)的特定满足形式,是以旅游设施、旅游服务为综合形态的"实物"。形式产品包括旅游产品的质量、风格、特点、形态、类型、品牌、包装等。

(3)附加产品:附加产品是指顾客在购买产品时所得到的附加服务或额外利益,如赠送的小礼品、优惠券、售后服务等。附加产品是使旅游企业的产品有别于竞争产品、实施差异化策略,提升旅游产品吸引力的有效途径。

2.整体产品概念的运用

把握旅游产品的层次,尤其是整体产品概念不仅有助于诊断旅游产品问题,还对旅游产品设计具有重要意义,一般而言可以按照三个层次依次设计旅游产品。

核心产品设计是产品设计的起点和依据,要深入分析顾客购买这种产品所追求的核心利益——功能性需求与情感性需求,做到精准把握,设计出传递独特情感、解决需求痛点的产品。

形式产品设计要化核心利益为有形展示,要深入分析哪些要素能充分彰显核心利益,做到精雕细琢、真实体现。

附加产品设计要围绕核心利益,对比竞争对手,深入分析哪些要素能进一步增强产品特色,做到精心谋划、恰到好处。附加产品设计还要注意适合性和适度性:一是投顾客需求类型和需求等级之好;二是要用客人所喜欢的特殊方法来设计。

(四)旅游产品组合

1.旅游产品组合的概念

旅游产品组合是指旅游企业通过对不同规格、不同档次和不同类型的旅游产品进行科学的整合搭配,形成结构更趋合理、更能适应市场需求的旅游产品包。旅游产品组合体现的是向市场提供的一组旅游产品质的结构和量的比例,通过产品组合的宽度、长度、深度和关联度表现出来。

产品组合的宽度是指旅游企业开发经营有多少条不同的产品线；产品组合的长度则是每条产品线中有多少产品项目；产品组合的深度是每一产品项目中有多少产品品种，产品组合的关联度是指这些产品在最终用途、生产过程、分销过程中的关联程度。

一致程度高则产品组合的关联度就大，反之，则关联度就小。一般而言，关联度大的产品组合可以使旅游企业精于专业，使旅游企业与产品的市场地位得到提高，旅游产品的整体形象得以突出。中小型旅游企业比较适宜关联度大的产品组合。

2．旅游产品组合路径

旅游产品的组合开发策略实质上就是针对目标市场，对产品组合的宽度、长度、深度以及关联度进行选择和决策，使组合达到最优化。其具体路径如下。

（1）扩大产品组合：扩大旅游产品组合的宽度、深度等，依据市场需要适当增加旅游线路的数量，尤其要具备敏锐的市场洞察力，注意及时推出那些在市场上已经预热但还未普遍化的旅游新线路。该策略可以使旅游企业的经营范围得到延伸，但同时也对其业务能力和服务水平提出了更高的要求。

（2）缩小产品组合：缩小旅游产品组合的宽度、深度等，减少旅游产品的数量使其成为较窄的产品组合。该策略较适合中小型旅游企业，在业务范围上只求精专，不求广博，注重旅游产品的特色与质量，专业化程度相对较高。在旅游旺季，旅游企业普遍需采取此种策略以确保产品的质量与企业的声誉。

（3）深化产品组合：促使旅游产品组合向纵深方向发展，根据旅游者的偏好及特殊需要增加旅游线路中旅游活动项目的类型与数量，或改变旅游的方式，使产品以新的形式出现在市场上。该策略的优势是能够扩大消费者的参与面，并能够增强其体验程度和满意度，从而提升旅游企业的市场形象和经济效益。

（4）差别化产品组合：这里的差别化具有多重内涵，既指与竞争对手产品的形式差别，又指产品系列间的档次差别。

3．旅游产品组合创新原理

旅游产品组合创新要遵循一般规律，符合相关原理。

第一，遵循点式效应原理。注重以点带面，以拳头产品、龙头景区等带动区域旅游产品提升整体吸引力。一般而言，知名旅游城市往往都有龙头旅游景区带动，如龙门石窟之于洛阳，兵马俑之于西安，"三孔"（孔府、孔庙、孔林）之于曲阜等。

第二，遵循全局效应原理。产品组合要有全局意识，注重旅游整体形象塑造和品牌打造，追求旅游产业链整体效益最大化。如杭州实施西湖免门票政策，牺牲一个景区的门票收入，带动整个杭州旅游业与相关产业的全面发展。

第三，遵循互动效应原理。产品组合要注重优势互补，形成"旅游＋""＋旅游"合力，如推出5天不限次数游玩婺源12景点（包含江岭、李坑、卧龙谷、晓起、江湾、思溪延村等知名景点）的联票等。

第四，遵循轰动效应原理。产品组合要发挥"网红"力量，挖掘旅游产品强大新闻价值，在目标市场达到轰动效应，增加旅游产品自动强劲流量，如重庆、西安等旅游城市借力新媒体推出不少"网红"景点,整个带动成为广大旅游者心中的"网红"打卡城市。

第五,遵循心理效应原理。产品组合要充分把握消费者量大必优心理,组合产品能给消费者带来比单个旅游产品更大的实惠。

4. 旅游产品组合的影响因素

组合开发旅游产品时,需考虑众多背景因素的制约和影响。概括来说,主要包括以下一些因素。

(1)旅游市场的需求倾向:不论何种市场,其需求总是在时间和空间上不断变化的,旅游市场需求也不例外,在不同的时代和地区,旅游消费者的需求倾向各有特点。这些多样化的旅游需求是旅游企业组合开发旅游产品的重要依据,由于需求是变化的,产品的组合也应该是动态的。

(2)旅游企业的目标市场:实行旅游产品的组合开发,就是要使经过组合后的旅游产品系列更具竞争力,更加适销对路,更能以最快的速度占领目标市场,因此对目标市场的准确定位成为旅游产品组合开发的先期工作,并对旅游产品的组合开发产生重要影响。

(3)旅游企业的发展规划:以长远的眼光来看,旅游产品的组合开发不能仅停留在对现时旅游市场的过度迎合上,而应符合旅游企业的发展战略,在既定的规划框架内着手开展,重在使旅游产品结构更科学化、合理化。

(4)竞争对手的现实状况:"知己知彼,百战不殆",在进行旅游产品的组合开发时,还必须对市场上的主要竞争企业有较为深入、透彻的了解,借鉴其成功的经验模式,全面比较双方的优势和劣势,扬长避短,才能组合开发出合理而科学的旅游产品。

此外,影响旅游产品组合开发的其他要素还有旅游企业的生产能力、旅游产品生产技术的变动、旅游基础设施状况、相关政策、其他旅游产品的市场销售情况等。

5. 旅游产品组合优化分析方法

为实现旅游企业的经营目标,提高旅游企业的盈利水平,必须对旅游产品组合状况进行分析评价,确定改进措施,不断优化产品的组合结构。对旅游产品组合进行优化分析的方法很多,但在现实中,波士顿矩阵或四象限分析法运用得较为广泛。

四象限分析法是指利用相对市场占有率和销售增长率两个指标对产品组合进行分析的方法。在图5-2中,Ⅰ区旅游产品属于风险产品。这类旅游产品的市场需求很旺盛,但在市场上还不占有优势地位,需要大量资金支持其开拓市场。旅游企业若采取正确的营销策略,这类旅游产品会转化为明星产品。反之,则会成为衰退产品,在波士顿矩阵中又称为问题产品。Ⅱ区的旅游产品属于明星产品。这类旅游产品有发展前途,但目前需要大量资金以支持其扩大销售规模,等销售规模扩大到一定程度,增长率放缓后即可转为金牛产品。Ⅲ区的旅游产品属于金牛产品。这类旅游产品无须太多投入,维持现有销售策略即可保持稳定的销售量,因而也被称为厚利产品或摇钱树产品。Ⅳ区的旅游产品属于衰退产品。这类旅游产品已没有市场前途,在市场上所占份额很小,总体策略是淘汰。

营销实践 14

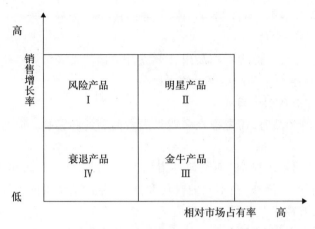

图 5-2 旅游产品组合优化方法——四象限分析法

二、旅游产品生命周期营销策略

产品生命周期是现代营销管理中的一个重要概念,是营销学家以统计规律为基础进行理论推导的结果。人们经过对市场活动的长期观察,逐步认识到,一种产品在市场上的销售情况和获利能力并不是固定不变的,而是随着时间的推移不断发生变化。这种过程与生命历程一样,也要经历诞生、成长、成熟和衰老的过程。产品生命周期就是指产品从进入市场开始到被市场淘汰为止的全过程。这一理论运用于旅游业,对旅游企业有效利用资源、开发特色旅游产品、制定营销策略具有重要的指导意义。

(一)旅游产品生命周期理论概述

现代旅游市场中竞争尤为激烈,旅游产品更新换代较快,每一种新产品的开发都会促使旧产品淘汰。这种淘汰会循环往复地出现,从而使每一种旅游产品都经历从进入市场到被市场淘汰的过程。因此旅游产品从进入市场,经历投入期(初创阶段)、成长期(发展阶段)、成熟期(繁荣阶段)进入衰退期(衰退阶段),直至退出市场,这个过程称为旅游产品的生命周期。典型的旅游产品生命周期是 S 形曲线,呈正态分布,包括投入期、成长期、成熟期、衰退期四个阶段(图5-3)。现代旅游市场中,由于竞争激烈,旅游产品的更新换代很快,每一件旅游产品的生命周期并非一样,有的产品周期长,有的产品周期短,有的产品生命周期曲线为波浪状起伏,有的产品生命周期则比较平稳,呈现的市场现象各不相同。

产品生命周期是一个很重要的概念,和企业制定产品策略以及营销策略有着直接的联系。产品生命周期规律对指导营销实践具有重要意义。借助产品生命周期理论,可以分析判断产品处于生命周期的哪一阶段,推测产品今后发展的趋势,正确把握产品的市场寿命,并根据不同阶段的特点,采取相应的市场营销组合策略,增强企业竞争力,提高企业的经济效益。对于产品所在的不同生命周期,针对产品在这一时期所呈现的特点来制定营销策略,从而来指导营销实践。

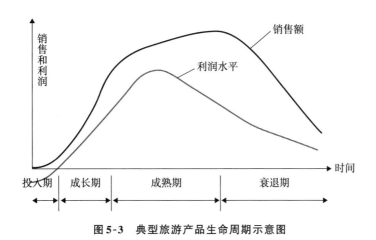

图 5-3　典型旅游产品生命周期示意图

(二)旅游产品生命周期各阶段的特征

1. 投入期

投入期又称导入期,是指旅游产品刚投放市场的阶段。如新开业的酒店、新推出的旅游线路、新增加的餐饮产品或种类、新开发的旅游项目等。在这一时期,旅游产品刚推入市场,知名度和美誉度都较低,旅游消费者对新推出的产品还缺乏了解。且在这一时期,旅游产品的性能还不是很完善,相配套的基础设施也有待进一步完善。因此需要投入一定的营销费用。由于旅游产品的成本较高、销售量又低,旅游企业利润较低甚至亏损。此外,这一阶段由于旅游产品的市场前景还不明朗,因此,相对来说竞争者很少或者竞争者还不屑于加入。

2. 成长期

新的旅游产品在市场推广开来,逐渐被旅游消费者所接受,销售量呈现迅速增长的态势,进入了产品生命周期的第二个阶段——成长期。在这一时期,旅游产品的销售基本定型,有鲜明的主题;相配套的基础设施日趋完善,旅游产品的性能已基本稳定,处于正常运转状态;服务人员的服务质量大幅度提高,能够为旅游消费者提供趋于标准化和规范化的服务,产品美誉度得以提升;产品在市场上的知名度逐渐提高,使得产品销售量大幅度上升,有很好的市场基础,产品成本逐步下降,利润额得以大幅度增加。此外,这一阶段由于同行看到了该产品有利可图,竞争者逐步加入,展开竞争。

3. 成熟期

在这一时期,市场基本呈现饱和状态,旅游产品成为品牌产品或老牌产品,在市场上有很高的市场占有率,是旅游产品的主要销售阶段。这一时期,产品销售额逐渐达到峰值并趋于缓慢增长的状态,一般年销售增长速度在1‰~5‰;旅游企业的利润在这一时期也达到了最高点。然而在这一时期,旅游企业间的竞争也最为激烈,达到白热化程度,但后期,在竞争中实力不济者开始退出市场。

4. 衰退期

衰退期指的是旅游产品逐渐退出市场的阶段。在这一时期,旅游产品在市场上已经"超龄"、老化,旅游新产品开始不断地投入市场,现有的旅游产品已不能满足旅游者的需求,正逐步被市场淘汰。这一时期,产品的销量下降迅速,利润也明显下降;许多旅游企业在市场竞争中被淘汰,开始退出旅游市场。

(三)旅游产品生命周期的影响因素

旅游产品生命周期变化的影响因素既有外部因素如自然环境、政治法律环境、社会文化环境、经济环境,又有内部因素如旅游资源、旅游设施、旅游服务等因素,概括起来,主要受以下几个因素的影响。

1.旅游产品的吸引力

旅游产品的吸引力主要是旅游吸引物的吸引力,也就是旅游资源本身的吸引力。一般来说,吸引力的大小决定了产品生命周期的长短,吸引力越大,其生命周期越长。旅游资源越富有特色、内容越丰富,其生命周期越长,而那些缺乏特色、形式雷同的旅游产品,生命周期较短。

2.旅游目的地的自然环境与社会环境

除了旅游产品本身的吸引力,旅游目的地要营造良好的氛围,旅游目的地优美的自然环境、当地居民的友好态度、便捷的交通、良好的治安环境等因素对旅游者来说也是吸引力之一。如果旅游目的地环境污染严重、社会治安状况差,也会使目的地客源萎缩,从而影响旅游产品生命周期。基于此,旅游业的竞争就是旅游环境的竞争。政府要重视当地环境的保护,树立大旅游的理念,采用科学系统的方法,对当地旅游业的发展进行统一规划,从而实现本地区旅游业的可持续性发展。

3.旅游者需求的变化

旅游者的旅游动机各不相同,旅游者最终的购买决策行为受其心理因素的影响很大。旅游者的需求可能因时尚潮流的变化而发生兴趣转移,从而引起客源市场的变化,导致某地旅游资源吸引力的衰减。此外,旅游者消费观念的变化、收入的增加、新的旅游景点的出现、带薪假日的增加都会影响消费需求的变化。

4.旅游经营者的正确经营与管理

旅游经营者对旅游产品的经营过程在某种程度上就是旅游产品的生命周期过程。在旅游产品不同的生命周期阶段,要采取不同的经营管理手段,加大促销与宣传力度,实施正确的产品组合策略和市场细分战略,才可能保持可扩展的客源市场,才能延长旅游产品的生命周期。

(四)旅游产品生命周期各阶段营销策略

将产品生命周期理论应用于旅游企业的主要目的在于:尽量缩短旅游产品的投入期,加大宣传,使旅游者尽快熟悉与接受旅游产品;设法保持与延长旅游产品的成熟期,防止旅游产品过早被市场淘汰;在旅游产品进入衰退期时,尽快作出决策,是尽快退出市场,以新产品代替旧产品,还是采取促销手段,想办法使旅游产品的生命力再发展。

1.旅游产品投入期的营销策略

结合旅游产品在投入期的特点,旅游企业应采取有针对性的营销策略促使产品尽快从投入期进入成长期,因此在该阶段的营销策略重点在于"快":加强与旅游者的沟通,使旅游者迅速了解和熟悉旅游产品;尽快扩大旅游市场营销渠道;尽快提升旅游产品美誉度并给旅游企业带来利润。旅游产品投入期的具体营销策略如下。

第一,加强对产品的广告宣传。在投入期,旅游产品呈现的突出特点就是产品知名度不高,因此这一阶段的营销重点是创造产品知名度。同时也要注意广告宣传费用成本问题,广告宣传要有针对性,确定好目标市场,且注重广告效果,避免由于广告费用过大,造成一定程度亏损的局面。旅游企业可以关注社会热点问题和重大事件,对旅游产品适时地进行宣传,取得较好的广告效果,从而引起旅游者对旅游产品的关注和购买热情。

第二,加强销售渠道建设。为尽快提升销售量,要充分发挥中间商的作用。选择得力的中间商,为中间商制定有吸引力的优惠政策,在市场推广方面取得中间商的支持与协助,以便将旅游产品迅速地推向市场。如新开旅游景区要加快与旅行社、OTA等旅游中间商建立合作关系,广拓销售渠道。

第三,采取有效的刺激手段。对于因不熟悉产品而犹豫不决的游客,可以采用免费体验、抽取幸运游客等方式,吸引游客体验并购买该产品,并通过他们的亲身体验,传递给更多游客。如旅游景区在开业之际广泛邀请游客来景区体验。

第四,加强旅游产品质量控制,提升旅游产品美誉度。旅游产品投放初期,产品质量不稳定,需要加强旅游产品质量管理和控制。在这一时期,旅游产品的质量直接影响该产品在市场的口碑,进而影响旅游产品今后的发展。因此,旅游企业在这一时期还要注意旅游产品相配套的设施建设,增强游客的综合体验感。

2.旅游产品成长期的营销策略

在这一时期,旅游产品销售额快速增长,企业利润快速提升,旅游企业的营销目的在于继续维持较高的销售增长速度,并逐步扩大产品的市场占有率,因此在该阶段的营销策略重点在于"好",具体策略如下。

第一,进一步提升产品质量,完善配套的基础设施建设。这一阶段,旅游产品进入快速增长阶段,销售额快速增长,旅游企业要增强产品的特色与优势,做好相关配套服务,提升产品质量,增加旅游产品的品种,提供更多能够满足游客需要的服务项目。例如旅游景区不断增设新旅游项目,优化旅游公共服务等。

第二,努力寻求和开拓新的细分市场,扩大市场占有率。在这一阶段,市场原有的老顾客要继续维持,还要进一步开拓新的细分市场,采用适当的促销策略,争取赢得更多的游客,从而扩大市场占有率。如旅游景区主动进入周边城市召开旅游推介会,扩大客源。

第三,努力使旅游产品品牌化。成长期是旅游企业获利的黄金时期,也是旅游企业创造名牌的最佳时期。旅游企业要突出产品的特色,形成品牌优势,树立旅游产品形象,增强游客对旅游企业和产品的信任感,提升美誉度,创立产品品牌,提升他们的忠诚度。

第四,采用必要的灵活价格策略。这一时期,旅游企业成本下降,销售额快速增加,企业可以适当降低价格,这会对价格敏感型游客产生吸引力。如果在前期投放市场时定价低,可以适度提高价格,以提升产品形象。

3. 旅游产品成熟期的营销策略

依据旅游产品成熟期的特点，旅游企业要尽可能地延长旅游产品的成熟期，在保持原有优势的基础上，对旅游产品及营销组合进行调整变革，因此在该阶段的营销策略重点在于"改"，具体策略如下。

第一，避免重复性投资，尽量获取投资回报。旅游产品在这一阶段的市场已趋于饱和，重复性建设很难吸引到客源，会使旅游企业出现资金浪费或亏损。因此要尽量回收资金，尽可能地避免重复性投资。

第二，改进旅游产品和服务。旅游企业如果想要延长产品的成熟期，较长时间内保持较高的销售量，就要关注游客的反馈信息，适度改进产品质量，更好满足游客的需求，以稳定、优质的服务来稳定游客。此外，旅游企业应规范服务技巧，改进服务质量，注重员工培训，提升员工素质，促进旅游接待服务建设标准化，以优质服务避免游客流失。

第三，改革市场营销组合。旅游企业要根据市场竞争状况，对原有的营销组合因素进行适度调整，如通过开发新的市场、优化销售渠道、采用更灵活的定价策略等来增强旅游产品的市场竞争力。

第四，谋划新产品开发。旅游企业此时应准备实行旅游产品更新换代，以适应游客日益变化的旅游需求。只有旅游新产品与老产品保持良好的衔接关系，旅游企业才会保持生命力。所以依据这一阶段的产品特点需要旅游企业使用差异化营销策略，加强旅游新产品的研制和开发，满足细分市场的新需求。

整体而言，旅游产品的成熟期是旅游产品社会需求最旺盛的时期，对企业决策者有一定的诱惑，但是作为旅游企业决策者，要保持头脑清醒，避免重复性投资。同时也要通过改进产品和服务、完善市场营销组合、开发新产品等措施来尽量延长这一阶段，形成新的销售高潮。

4. 旅游产品衰退期的营销策略

旅游产品进入衰退期，旅游企业要尽快作出逐步退出市场还是迅速撤离市场的决策，旅游企业能否及时、有效地调整营销策略，关系到企业的生死存亡。在这一时期，旅游企业的营销策略核心是"转"，具体策略如下。

第一，持续营销策略。继续沿用以往的营销策略，对原有的目标市场持续使用相同的渠道、定价策略和促销手段，直到该产品完全退出市场。

第二，集中性营销策略。选取对企业最有利的细分市场和销售渠道，将企业的资金和资源投放于此，尽可能获得更大的利润，这样也有利于缩短其他衰退期产品退出市场的时间。

第三，榨取营销策略。企业对衰退期产品采取不放弃的态度，仍尽可能地降低生产成本和各种费用。虽然在一时期，旅游产品的销售量在下降，但是通过大幅度降低成本，企业仍能获得一定的利润。

第四，放弃营销策略。旅游产品在衰退期已经无生命力，到了淘汰阶段。对于毫无希望的衰退期产品，旅游企业决策者应当机立断，果断决策，尽可能地缩短旅游产品的衰退期，以减少旅游企业的损失。但需要根据旅游产品在成熟期中的市场定位考虑是完全放弃还是逐步放弃。

营销实践
15

三、旅游新产品开发策略

(一)旅游新产品开发概述

1.旅游新产品的概念

旅游新产品是相较于现有产品来说,在内容、结构、服务方式、设备性能等方面做出改进或颠覆性创新,最终形成更为科学、合理,更能体现旅游经营意图,并能为旅游消费者带来某种新的满足和新的利益的产品。旅游新产品的出现一方面能够满足旅游消费者多元复杂化的需求,另一方面也能影响人们的消费习惯,形成一种新的消费潮流。

2.旅游新产品的类型

旅游新产品按其自身所具有的新质程度可以分为以下四类。

(1)创新型旅游新产品:运用现代科技手段(新技术、新方法、新原理)创造出来的具有创新内容的旅游产品。这种产品能够满足旅游者一种新的需求,无论对旅游企业还是旅游市场而言都是新产品,可以是新开发的旅游景点,也可以是新开辟的旅游线路或者是新推出的旅游项目。新型旅游新产品在创意策划上难度较大,同时受到旅游企业技术水平、资金等诸多因素的制约,设计开发时间一般较长。

(2)换代型旅游新产品:对现有产品进行较大改进后产生的产品,采用或部分采用新技术、新设计、新原理等,创造出新产品。如在原来观光旅游线路的基础上增加休闲内容。纵观各国旅业业,一般都会经历"传统的一般性观光旅游产品→主题型观光旅游产品→休闲度假旅游产品→特色专题旅游产品"的升级换代过程。换代型旅游产品意味着旅游产品结构正向高级阶段发展,它与原旅游产品在时间上是继起的,但在空间上可以并存,相互补充、互为促进。

(3)改进型旅游新产品:对原有旅游产品进行局部的改进,而不进行重大改革的旅游产品。这种旅游产品可能是在其配套设施或服务方面的改进,也可能是旅游项目的增减或服务的增减,但旅游产品的实质在整体上没有较大的改变。

(4)仿制型旅游新产品:旅游企业仿造旅游市场上已经存在的旅游产品而生产的旅游产品。旅游企业在仿制原旅游产品的过程中有可能有局部的改进和创新,但基本原理和结构是仿制的。仿制是一种重要的竞争策略,这种旅游新产品在旅游市场上极为普遍。

3.旅游新产品的开发原则

在开发旅游新产品时,不能盲目开发,要遵循一定的原则。

一是市场原则。开发旅游新产品一定要以顾客为导向,开发出的产品要能更好满足创造顾客价值,确保在市场上有一定的销量,是市场所需要的。

二是特色原则。旅游企业开发的旅游新产品要有别于市场现有产品,具有独特性,与现有产品相比有新的性能、用途,符合旅游市场的需求,才能保证后期的推广。

三是量力而行原则。开发旅游新产品需要有一定的资金条件,设计开发时间一般较长,是否能够顺利推广并取得成功,有着较大的风险。因此,旅游企业要对自身的生产条件、资金、技术条件等情况作出客观评估,要量力而行,确保企业自身有能力有条

热点讨论
6

件生产开发旅游新产品并能进入目标市场,为旅游消费者服务。

四是效益原则。旅游企业开发旅游新产品,必须要做的工作就是可行性分析,效益原则优先,充分挖掘现有的生产能力,争取获得良好的经济效益。

(二)旅游新产品开发程序

要开发旅游新产品,旅游企业必须了解它的消费者、市场及竞争对手,开发出的旅游产品能够为消费者提供卓越的价值,以消费者为导向,一般新产品开发过程分为八个阶段。

1. 聚集创意

旅游新产品的开发始于创意形成。在开发旅游新产品的过程中,旅游经营者要集思广益、实行头脑风暴,创造宽松的环境,以激发员工丰富的想象力。新产品创意的主要来源包括内部来源和外部来源。

首先旅游经营者要正确识别外部环境,面对经济衰退、通货膨胀、经济增长、恐怖主义、社会文化及其他外部要素对旅游企业都会产生直接的影响,旅游新产品的创意应源于对外部环境的变化。如发生国际突发公共卫生事件时主要经营出入境旅游业务的旅游企业要及时转型,调整产品推广策略。

其次是创意形成可以来源于旅游者。关注旅游者需求的变化,设计开发迎合旅游者需求的产品。创意也可以来源于旅游中间商。旅游中间商可以为旅游企业提供旅游需求的第一手资料,信息灵通。创意也可以来源旅游企业员工。可以创造宽松的环境,鼓励企业员工畅所欲言,员工是最直接与旅游者打交道的一线人员,了解旅游者需求。创意也可以来源于正式的新产品研发部门。专业的研发部门人才集中,员工知识丰富、思维活跃、反应敏捷。

2. 筛选创意

聚集创意阶段的目的在于激发各种创新性想法,筛选创意阶段的目的则是尽可能快地抓住好的创意和摒弃无用的想法,以免造成时间和成本的浪费。因此,旅游企业对收集来的大量创意需要进行筛选,以去粗取精,但要避免把筛选创意变成了"抛金留沙"。旅游企业经营人员要对产品、目标市场和竞争分别加以阐述,并对市场规模、产品价格、开发时间和成本、制造成本及回报率等问题作出粗略估计,也要回答以下问题:这个创意对企业是否合适?与企业目标和战略是否吻合?企业现有的资金、人力、物力、技术是否能保证该创意的实现?如果想要减少误选或漏选,关键是提高从事筛选工作的人员的素质。一些旅游企业采取企业高层主管、员工代表、本行业专家三者结合的方式进行筛选,这有利于减少误选或漏选情况的发生。

3. 旅游新产品概念开发与测试

产品创意是提供给市场的产品的种种设想,产品概念是要把这种想法具体化,并用消费者能够理解的术语加以描述。旅游企业在对创意进行筛选后,要对选择的创意进一步升华,发展成旅游新产品概念。旅游新产品概念可以用文字、图片、模型或虚拟现实软件等形式提供给旅游者,然后设计问题并让旅游者回答这些问题(常采用问卷调查),让旅游经营者从中了解旅游者的购买意图,以便确定对旅游目标市场吸引力最大的产品概念。这一过程称为"概念测试",通过这一测试,可以吸收旅游者对新产品功能、质量、结构、品牌、价格等方面意见,进一步完善新产品概念,使拟推出的旅游新产品符合旅游者需要,而不被旅游者认可的构思和概念产品应被淘汰。

4. 拟订旅游新产品营销计划

为提高旅游新产品的市场成功率,旅游企业在形成新产品概念并经过测试后,就要制订相应的营销计划。旅游新产品营销计划包括新产品目标市场选择、旅游市场定位、目标市场规模与发展潜力预判、目标市场占有率预期、营销组合策略等。

5. 商业分析

旅游经营者对产品概念和营销战略作出决策后,接下来就可以评估该决策的业务吸引力。商业分析的主要任务是旅游经营者要考察新产品将来的销售额、成本和利润。商业分析的具体内容包括:预测开发和投入旅游新产品的资金风险和机会成本,预测市场规模,分析旅游者的购买行为,预测环境及竞争形势的变化对产品发展潜力的营销,分析旅游新产品的经济效益。

6. 旅游新产品的开发

如果产品概念通过了商业分析,旅游经营者就可以把这种产品概念转变为旅游新产品实体或借助现代科技开发虚拟仿真产品,进入具体开发阶段。在具体开发试制阶段,要考虑旅游新产品的功能和质量两方面的决策。如果是实物产品开发,要考虑技术性;如果是服务产品,要考虑服务技能所达到的水平及旅游者兴趣变化的趋势。这一过程需要进行反复测试,旅游企业可以邀请同行专家、经销商和记者及少量旅游者进行试验性旅游,并请他们提出意见,以便使旅游新产品更完善。

7. 旅游新产品的试销

如果旅游新产品通过了性能和消费者测试,之后就要进入新产品开发的试销阶段。对旅游目的地或旅游企业而言,主要就是试营业。试销的目的包括:了解旅游新产品在正常市场营销环境下可能的销售量和利润额;了解旅游新产品及整体营销计划的优势及不足,及时加以改进;确定旅游新产品的主要市场所在及构成;估计旅游新产品的开发效果。

8. 旅游新产品的正式上市

经过试销改进后,旅游新产品就可以正式上市,从原来的小批量试营销转化为全面营销,从而旅游新产品进入生命周期的投入期。在这一阶段,旅游企业管理者应考虑何时推出、何地推出、向何人推出、以何种方式推出等问题。因此应注意投入新产品的时间、目标市场、销售渠道等方面的决策。旅游经营者需要制订一个具体的新产品引入市场的实施计划。同时也要注意投入市场后,旅游者的反馈,监察市场动态,检查产品的使用效果,为进一步改进产品和市场营销策略提供依据。

(三)旅游新产品开发路径

1. 旅游资源重组

更新资源观念,整合旅游资源,在充分利用现有优势资源的基础上,推动旅游资源的优化组合,创新旅游产品,满足市场需求。旅游资源可以从不同角度重组,主要有以下三种组合方式。

其一,从市场需求的角度组合旅游资源。新组合的旅游资源要能够激发旅游者的旅游动机,满足或创造新的旅游需求。如果采用这种方式组合旅游资源,需要对旅游市场进行深入调查和对旅游者消费行为进行详细分析。这种方式灵活性较强,较适用于新的旅游线路和产品的开发。

其二,以文化为纽带对旅游资源进行重组。将不同类型的文化特色资源进行重组,开发旅游新产品,比如以自然要素为对象的生态文化、以民俗为主题的传统文化、以高科技为代表的现代文化的混合体,可以给旅游者营造文化差异环境和内容的市场卖点。

其三,从经济效益的角度组合旅游资源。旅游资源的组合要能够实现旅游资源价值增值和利润回报,提高产业贡献率,这也是旅游业作为经济产业发展的内在需求与动力。

2. 旅游产品升级

旅游企业要加大供给侧结构性改革,增加有效供给,引导旅游需求,实现旅游供求的积极平衡。企业必须高效利用现有资源促进旅游产品升级,可从提升旅游产品档次、增加旅游产品科技含量与文化内涵、完善旅游服务等方面入手。长期以来,我国旅游产品的开发与设计还停留在初级旅游产品的层次上,存在创新意识较差、文化内涵不足和技术含量偏低等现象。由于在对旅游资源文化内涵、景观审美特征的挖掘与展示方面,未能依托科技手段与技术支持,因此难以推出参与性和娱乐性较强的、具有竞争力的高科技旅游产品。我国旅游产品开发要改变科技投入的被动状况,就必须积极寻求智力支持与技术依托,通过全面利用现代的声、光、电、全息、虚拟现实等技术,制作与推出具有一定轰动效应的高科技旅游产品,提高旅游产品的竞争力。

3. 品牌延伸开发

品牌旅游产品尤其是知名品牌旅游产品可以利用良好信誉和市场影响力,发挥品牌效应,通过实施品牌延伸,充分利用所有资源,加大旅游与农业、林业、工业、商贸、金融、文化、体育、医药等产业的融合力度,设计开发更多游客喜爱的产品。

旅游新产品开发贵在持续创新,旅游企业要发展壮大就必须关注旅游新产品发展趋势,持续开发富有特色的新产品。本书认为以下几个趋势需要高度关注:更注重现代科技含量融入,更注重文化内涵和特色塑造,更注重自然特色和环境保护,更注重旅游者参与性和体验性,更注重高附加值和复合功能,产品升级换代速度更快。

四、旅游产品品牌营销策略

(一)旅游产品品牌概念

所谓品牌就是企业用以区别于竞争对手的产品或服务的商业名称及其标志,通常由文字、标记、符号、图案和颜色等要素或其组合构成。品牌是一个集合概念,它包括品牌名称和品牌标志,品牌名称是品牌中可以用语言表述的部分,如"迪士尼""洛阳水席"等。品牌标志是无法以口语称呼的部分,但是易于识别与记忆,包括符号、特殊颜色、图案等。

营销实践 17

营销实践 18

（二）旅游产品品牌作用

旅游产品品牌是旅游企业的无形资产，是旅游企业在激烈竞争中取得胜利的关键砝码。在旅游选择日益多样化、旅游者的需求复杂化的今天，品牌能够引发旅游者偏好，建立偏好，提升旅游者的忠诚度，旅游产品品牌成为旅游者在作出决策行为时考虑的重要因素之一。旅游产品的品牌对旅游者和旅游企业经营者都有重要的作用。

1. 对旅游者的作用

对于旅游者，其突出作用表现在两方面：一是有助于旅游者识别产品的来源或旅游企业，能够更有效地选择和购买旅游产品；二是知名品牌有利于旅游者形成品牌偏好，满足旅游消费者的精神需求。

2. 对旅游经营者的作用

对于旅游经营者，其作用主要表现在以下方面。

第一，企业可以利用品牌优势促成旅游者品牌忠诚，有助于迅速占领市场。

第二，有助于稳定产品的价格，减少价格弹性，对动态市场的适应性更强，使未来的经营风险减少。

第三，有助于市场细分，进而进行市场定位。

第四，有助于新产品开发，节约新产品市场投入成本，企业可以利用现有的知名品牌，利用其一定的知名度和美誉度推出新产品。

第五，有助于旅游企业抵制同行竞争者的竞争，保持竞争优势。

（三）旅游产品品牌运营

旅游产品品牌运营主要包括以下内容。

1. 品牌化策略

旅游企业为旅游产品起名字、设计标志，注册商品等活动，这一决策就是品牌化决策。旅游产品开发应致力于打造旅游品牌产品，形成超级IP，这是商品市场发展的大趋势。

2. 品牌归属策略

旅游企业确定使用产品品牌后，有三种可供选择的策略：使用企业品牌；使用中间商品牌；部分产品使用企业品牌，部分产品使用中间商品牌。也就是说品牌归属策略就是指决策品牌归属问题。

3. 品牌扩展策略

策略具体有五种选择，分别是产品线扩展策略、多品牌策略、品牌延伸策略、合作品牌策略、新品牌策略。总体来讲就是借用品牌之光，利用知名品牌推出旅游新产品，使新产品更容易被旅游者所接纳。

4. 品牌更新策略

一般而言，旅游品牌具有相对稳定性。但随着营销环境的重大变化，旅游品牌可能需要进行动态更新，如旅游企业发生兼并重组、旅游企业定位发生调整等。该策略主要涉及形象更新、定位修正、产品更新和管理创新四个方面。如阿里巴巴集团宣布，将旗下的旅行品牌"阿里旅行"升级为全新品牌"飞猪"。

营销感悟

树高千尺，其根必深；江河万里，其源必长。谋划符合顾客价值需求的产品是营销常胜之根和源。旅游产品策略解决的是如何根据顾客的需求设计出传递情感的产品，即顾客价值这一焦点问题。旅游产品策略实施的最高境界是让顾客对产品或品牌痴迷上瘾，而要做到这一点就需要找准顾客需求痛点，设计并提供能触及顾客心弦的有情感的产品。当代大学生更应该具有大胆设想、创新的精神，致力于创造中国品牌旅游产品。

 实践实训

请运用整体产品概念，为某旅游城市设计一款研学旅行产品，或为某乡村旅游地设计一款民宿微度假旅游产品。

第五章 练习

第六章
旅游价格策略
——顾客价值赋能

教学导引

学习目标：了解旅游产品的价格制定，熟悉旅游产品定价方法，掌握旅游产品的定价策略与调整策略，理解如何利用价格策略加强旅游产品的市场竞争力，学会适时调整旅游产品的价格，熟悉定制化旅游产品的定价策略。

重点难点：旅游产品定价影响因素、成本导向定价法、定制化旅游产品定价策略。

素养目标：本章素养目标主要聚焦"三观"教育，培养学生洞悉全局的思考习惯。讲授旅游产品价格构成与定价目标时，通过学生讲述自己消费经历，引导学生树立正确的世界观、人生观和价值观；讲授旅游新产品定价方法时，通过列举系列低价旅游陷阱及其影响案例，引导学生明白树立正确价值观的重要意义；讲授旅游产品价格策略时，引导学生思考生活中的价格现象，强化价值观教育。

案例导入

398元开心旅游变成"购物＋赶路"，警惕低价游陷阱

周女士反映，某旅行社推出了每人仅收取398元的"北京三日特价游"，周女士和几个朋友报名参加，旅行社与他们签订了旅游合同。

然而，等到实际出游的时候，却发现景点游玩部分大打折扣。比如游览长城的时候，导游不是将他们带往八达岭，而是将他们带到了一小段不收门票的残缺长城处。"那个地方人烟稀少，荒草连片，根本没有看长城的意义。"周女士说。等到游览故宫时，导游先将他们带到了自费的和珅府邸游览两个小时（如果不进去就只能站门口等），剩下不足一个多小时游览故宫。"故宫那么大，一个小时根本看不完，而且前面游览和珅府邸耗费了大量体力，到故宫时大家都走不动了。"

游览景点少，时间短，大量的时间都被旅行社安排成参观购物点。"旅行社安排我们去参观了玉器店、景泰蓝饰品店、果脯店，还有烤鸭店，每个店都得逗留一个多小时，店里还有人不断向我们推销东西。"周女士说，几个购物点逛下来，他们每个人都买了上千元的东西。

更"奇葩"的是他们的出行安排,第一天出发,大家凌晨5点坐上大巴车赶往北京。到了之后很疲惫,当天的出游根本没有精神。晚上想着终于能睡个好觉了,没想到旅行社为了省钱,竟然将他们拉到偏远的延庆区一家宾馆居住。为了赶往市区,次日凌晨3点多就将大家喊起床了。

回来后,周女士等人认为此次旅游让人疲惫不堪,失去了旅游的乐趣。在玉器店购买的几件玉器,经鉴定也是价值低廉的次品。感觉上当受骗,周女士等人要求退款,但旅行社认为自己并没有违约,承诺的景点都去了,而且这不是纯玩团,中间有购物也是行业内都知道的。

(资料来源:http://newpaper.dahe.cn/jrab/html/2019-09/24/content_370707.htm)

思考:旅游企业应如何为旅游产品定价?应采取怎样的定价策略?

旅游产品价格策略是旅游市场营销组合策略的重要组成部分,而价格又是旅游市场营销组合中最灵活的因素。尽管非价格因素在现代旅游企业市场营销过程中的作用日益突出,价格仍是营销成功与否的决定性因素之一。而且面对日益激烈的市场竞争,价格作为一种营销工具,其作用越来越突出和重要。

一、旅游产品价格概述

(一)旅游产品价格概念及构成

1. 旅游产品价格的概念

价格是消费者为获得某一种产品或服务所支付的金钱的数量,更宽泛一点来讲,价格是指消费者用来交换拥有或适用某种产品或服务的利益的全部价值量。旅游产品价格是旅游者为了满足其旅游活动需要所购买的各种旅游产品而支付的货币数量,是旅游产品价值的货币表现形式。它是旅游市场的供需、旅游产品的价值和一个国家或地区的币值三者变化的综合反映。

旅游产品价格的表现形式也是多样的,例如旅游景区的价格表现形式有门票费、导游讲解费、停车服务费、景区内交通运输费、旅游综合服务(如摄像服务、照相服务、索道服务)费等。就旅游酒店而言,酒店产品价格表现形式也是多样的,如有门市价、大客户协议价、会议价、旅行社团队价、旅行社散客价、会员价、网络预订价等,旅行社有导游服务费、订票服务费、订房服务费、保险服务费等。

2. 旅游产品价格的构成

从旅游者的角度看,旅游价格由基本预算和自由选择两部分构成。基本预算是指旅游者在出游前对旅游产品的感性认识和粗略理解基础上所估算的旅游支出。自由选择是指旅游者在旅游过程中,通过旅游产品的亲身体验和主观预测而对基本预算的调整,它包括对基本预算总量的增减和对基本预算的结构改变,以及调整下次出游的预算。如某旅游者在某条旅游线路上旅游时,由于获得了非常独特的心理满足,于是在该地多停留一些日子或多增加几个旅游项目,并希望下次再来。旅游经营者如果想促使旅游者花费基本预算部分的支出,需要加强推销能力,通过好的宣传促销和较宽的销售渠道,让旅游者尽可能多地了解旅游产品,从而增加旅游者的旅游预算,如果想促使旅游者花费自由选择部分的支出,需要旅游经营者提供优质的旅游服务,对旅游者产生较强的吸引力,从而增加旅游者的自由选择。

从旅游产品经营者的角度来看,旅游产品价格通常由生产成本、销售成本、利润和税金四个要素构成。简单来说就是由成本和利润两部分构成。成本包括旅游产品生产成本和旅游产品销售成本。利润是除去成本后新创造价值的部分,包括企业利润和缴纳的税金等。

(二)旅游产品价格分类

旅游产品价格通常具有综合性与协调性、高弹性与高附加值性、市场性与垄断性、一次性与多次性等特点。根据旅游产品价格的特点,可以按照不同标准对旅游产品价格进行分类。

1. 按照旅游者对旅游产品需求程度的差异划分

(1)基本旅游产品价格:满足旅游者在旅游活动中必不可少的旅游需求的产品价格,主要包括食宿费、交通费、景区门票费等。基本旅游产品满足的是旅游者最基本的旅游需求,为旅游者提供旅游活动中的基本旅游服务,这些服务在旅游中必不可少,因此基本旅游产品的合理定价尤为重要。

(2)非基本旅游产品价格:旅游者在旅游活动中非必需的旅游产品的价格,如纪念品价格、通信服务价格、娱乐服务价格、医疗服务价格等。非基本旅游产品是在满足旅游者基本需求的基础上产生的,有利于丰富旅游者体验,同时可以优化旅游者的消费结构,增加旅游目的地收入。因此,合理制定非基本旅游产品的价格,可在一定程度上满足旅游者的个性化需求,并能提高旅游企业的收入。一般而言,非基本旅游产品价格比基本旅游产品价格更富有弹性。

2. 按照旅游企业的营销角度划分

(1)旅游差价:同种旅游产品由于不同时间、不同地区等各种因素而引起的价格差异。之所以制定旅游差价,原因是旅游企业可以利用旅游差价来调节旅游市场供求关系,以便更好地满足旅游者的不同需求。通常,旅游差价有季节差价、地区差价、批零差价和质量差价等。如景区门票执行淡旺季差价,目的在于调节淡旺季的供求关系,助推旅游产品价值的实现。同种旅游产品在热点旅游地区与一般旅游区存在差价,这种差价对促进不同地区旅游业的发展起到了积极作用。

(2)旅游优惠价:旅游企业为了在市场中保持竞争优势,进行的一系列市场促销活动而采用的一种价格优惠或折扣。采用此种价格的目的是吸引更多旅游者购买,使旅游产品的销售量大幅度提升。此外还可以很好地维护客户关系。常见的旅游优惠价的形式有同业优惠、老客户优惠、销售量优惠、特殊群体优惠等,如对医护人员、教师、学生、军人、本地市民等特殊群体实施优惠价。

3. 按照旅游者购买旅游产品的方式划分

(1)全包价:旅游者通过旅行社组织购买整体旅游产品而一次性支付给旅行社的一种包价形式,包括房费、餐费、交通费、门票费、导游费、管理费、附加费、综合服务费、不可预见费、保险费等。

（2）半包价：与全包价相比，半包价是扣除了中餐和晚餐费用的一种包价形式。用这种方式报价的目的是降低旅游产品的直观价格水平，一方面提升了旅游产品的价格竞争能力，另一方面也满足了旅游者在用餐方面的自由选择。

（3）小包价：由非选择部分价格和可选择部分价格组成。非选择部分包括接送、住宿和早餐的费用，这部分是旅游者需要提前预付的。可选择部分价格包括导游、风味餐、节目欣赏和游览参观等的费用，这部分旅游者可自主选择。

（4）单项委托服务价格：旅游者按零星购买方式所购买的旅游产品的价格，即旅游经营者根据旅游者的具体要求而提供的各种有偿服务收费，如导游服务费、房费、餐饮费、交通费、门票费或代办其他各项服务收费等。

（三）旅游产品价格规律

旅游产品价格的形成遵循一般产品规律，这些规律主要如下。

（1）马克思主义价值理论是旅游产品价格形成的基础：价格是价值的货币表现，价格的基础是价值，价格会围绕价值上下波动，这是价值规律作用的表现。旅游企业制定的价格需要反映旅游产品的价值，市场竞争要多在顾客价值提升方面下功夫，开展价值竞争而非单纯的价格竞争。

（2）旅游市场供求关系是旅游产品现实价格形成的关键决定因素：市场营销理论告诉我们，产品的最低价是由成本决定的，而最高价则是由市场需求决定的。因此旅游企业制定价格应该现实一点、客观一点，不能单纯从企业自身利益考虑价格，否则所制定的价格要么过低，使企业失去了本应该获得的更多的利润，要么过高，旅游产品难以销售出去。

（3）旅游市场竞争状况是旅游产品交易价格形成的关键决定因素：旅游产品最终以什么样的价格进行交易还受到市场竞争的影响，旅游消费者总会努力寻找最为理想的交易价格，即同等价值投入最低。所以旅游产品价格的制定需要关注市场竞争，提高旅游产品的价格竞争力。

（4）国家或地方政府的有关政策法规是旅游产品价格形成的基本标杆：旅游企业的价格体系与管理制度应遵循国家或地方政府的有关政策法规，做一个遵纪守法的企业，做一个对社会和国家负责任的企业，企业制定价格政策必须公平、公正，不得有损国家和消费者利益。

当然由于旅游产品的特殊性，旅游产品价格规律也表现出自己的特点，总结其规律性的内容主要有以下两个方面。

（1）旅游产品定价更复杂：对有形产品而言，生产成本比较容易确定，但旅游产品的无形性和综合性特征使其产品定价远比有形产品定价更为复杂。在这一方面旅行社定价表现更为突出，旅行社提供的旅游产品完全是一种综合性和无形性产品，它的价格依赖于酒店产品价格、景区门票价格、交通费用、导游服务费用、保险费用。在这些费用中，许多是旅行社难以控制甚至是旅行社本身根本无法控制的。

（2）旅游产品价格波动更大：旅游产品的不可储存性和产品需求的季节波动性，而且旅游产品对于许多消费者而言并非生活必需品，导致旅游企业经常通过差异定价等方式,以最大限度地提高产品生产能力,因而价格波动也就比较大。例如酒店在客房定价方面表现出很大差异性,不仅旺季和淡季不一样,甲地和乙地不一样,甚至每天的价格都可以不一样。

(四)影响旅游产品定价的因素

1. 旅游企业的营销目标

旅游价格的制定必须以旅游企业的营销目标为导向,旅游企业的营销目标不一样,旅游产品的定价方法和定价策略自然不一样。例如在经济不景气的时候,旅游企业的营销目标可能仅仅是求生存,旅游产品的价格往往会下降。如果现阶段,旅游企业的营销目标是追求利润最大化,那么旅游产品定价的目标就是当前利润最大化。而有的旅游企业意在市场份额上占有主导地位,那在定价时,总是会尽可能地压低旅游产品价格。如果旅游企业追求的是产品质量优先,那旅游产品的定价一定不会很低。因此,如何定价,定价目标一定与旅游企业的营销目标相符,旅游产品定价服从并服务于企业营销总体战略目标和竞争策略,从而确保企业在激烈的市场竞争中求得生存和发展。

2. 旅游产品因素

产品成本是旅游企业制定价格的最低限度,从总体上和长远来看,旅游产品价格必须高于产品成本,才能实现企业的最终营销目标。因此旅游产品成本的高低是影响定价策略的一个重要因素。旅游企业制定价格时需要考虑产品的固定成本(旅游企业在一定规模内生产经营某旅游产品支出的固定费用,在短期内不会随产量的变动而发生变动的成本费用)和变动成本(旅游企业在同一范围内支付变动因素的费用,这是随产量的增减变化而发生变化的成本)。另外,产品品质和特色也是重要影响因素。一般而言,旅游产品成本会影响旅游价格,而旅游价格又会影响旅游需求,最终影响企业盈利水平。旅游产品具备鲜明特色、垄断性强、具有不可替代性,则可采取高价策略,反之宜中低价。如果旅游产品品质好、美誉度高,亦可采取高价策略,反之宜中低价。

3. 旅游产品市场竞争状况

旅游产品市场的竞争越激烈,对旅游产品的价格影响就越大。特别是那些容易模仿、垄断性不强的旅游产品,企业面对的潜在价格威胁就更大。在完全竞争中,旅游企业被动地接受市场竞争中形成的价格,而没有定价的主动权,只能依靠提高管理水平与服务质量去扩大市场占有率。在垄断市场上,某种旅游产品只是独家经营,那么其价格往往也具有垄断性。某些旅游企业对旅游资源的独占性,例如对一些著名景区的垄断性经营,其制定的价格基本上是垄断性价格。在寡头垄断市场上,少数几家大型旅游企业控制与操纵旅游产品的生产与经营,它们之间相互制约与限制,因而旅游产品的价格是由寡头企业控制和协议制定的。

4. 旅游消费者需求

需求规律反映了商品需求量变化与商品价格变化之间的一般关系,旅游企业决定自己的市场行为特别是制定价格时必须考虑这一因素。另外需求价格弹性也是需要考虑的。目前我国旅游消费需求价格弹性比较大。高收入者则一般对价格的敏感度不高,旅游企业如果是把这些高收入者作为目标市场,则定价自由支配权就大些。

5. 政府的价格管控

为维护市场秩序、规范市场行为,政府往往会通过对旅游产品的价格管控来反对不正当竞争。例如政府对乱收费的整治,对各类天价和低价陷阱的打击,以及对旅游开发的税收政策的调整。政府通过对旅游企业的审批年检,调节一个地区的旅游企业数量,从而影响旅游产品的供给,调节旅游产品价格。政府通过对旅游市场价格的调控,减少和避免价格失真,使旅游产品价格趋于合理。政府通过制定旅游经济发展政策直接和间接地影响旅游业的投资和旅游需求,进而影响旅游产品价格的变化。

6. 重大突发事件

重大突发事件是不可控的因素,也是对旅游产品的价格影响最大的因素。例如,2008年5月12日发生汶川大地震,使得在灾后很长一段时间内四川旅游业受到极大影响,旅游产品价格大幅度降低。

除了以上因素,旅游产品价格的形成还不可避免地受到国家和地方的宏观经济、政治等宏观环境的影响,如通货膨胀,以及国家货币政策、汇率变化等的影响。此外还会受到旅游产品生命周期、旅游消费者的心理因素等微观环境的影响。旅游企业在定价或调价时,均要考虑这些因素。

二、旅游产品定价的过程与方法

(一)旅游产品的定价目标

旅游产品的定价目标是旅游企业营销目标的基础,是旅游企业选择定价方法和制定价格策略的依据,不同行业的企业定价目标不同,同一行业的不同企业定价目标也有可能不同,同一企业在不同的时期、不同的市场条件下的定价目标,旅游企业应根据自身的特点和性质,权衡定价目标的各种利弊并作出选择。旅游产品定价目标制定是否正确,取决于是否可以为旅游企业创造尽可能多的利润,定价目标必须与旅游企业经营目标相适应,而旅游企业经营目标在根本目的一致的基础上又呈现多样化的特点,所以旅游产品的定价目标也多种多样。具体说来,定价有以下几种目标。

1. 利润导向目标

利润导向目标是旅游产品定价的目标之一,它具体可以分为以下几种形式。

一是投资收益定价目标。旅游企业在一定时间使旅游产品的价格有利于企业获取预期的投资报酬率。选择此定价目标,一般运用投资收益曲线进行分析。总收益曲线的斜率,也就是将达到预期投资报酬率所应制订的价格。

二是短期最大利润定价目标。旅游企业通过制定较高价格,在较短时期内使企业利润最大化。这种定价目标适用于处于绝对有利地位的某一特定阶段,以及生命周期较短、价格需求弹性较大的旅游产品,同时要求旅游企业具备较强的实力与应变能力。但是短期最大利润毕竟是一项短期行为,影响企业的长期发展,随着旅游者的抵抗、竞争者的涌入、替代产品的出现,旅游产品的高价最终要降至正常水平。

三是长期利润定价目标。旅游企业着眼于长期总利润水平的逐步提高来确定旅游产品的销售价格。在这种情况下,旅游企业一般在补偿正常社会平均成本基础上,加上适度利润或社会平均利润作为产品销售价格,以减少风险和获得合理利润。此外,还可能通过制定使旅游企业短期利润受到损失的价格,扩大产品的市场占有率和提升市场地位,以获取长期稳定的经济效益。

2. 销售导向目标

销售导向目标是指制定旅游产品价格的主要目的是巩固和提高市场占有率、维持和扩大旅游产品的市场销售量。采用这种定价目标的旅游企业一般规模较大、实力较强。它们为扩大生产规模、降低单位产品成本,以及巩固其市场地位,往往在单位旅游产品上给予旅游者更多的优惠以争取和吸引旅游者。这种目标实际上是希望先占领市场,再获得长期利润。

3. 竞争导向目标

竞争导向目标是指旅游企业在分析自身旅游产品的竞争能力和竞争地位的基础上,将对付竞争对手和保护自身作为制定价格的目标。对于实力较弱的中小旅游企业,采用竞争导向目标定价容易招致实力雄厚的竞争对手的强力反抗。但实力雄厚的旅游企业,采用此种定价目标则容易以低价阻止竞争对手进入市场或迫使较小企业的市场份额逐渐减少甚至退出市场。

4. 社会责任导向目标

社会责任导向目标是指以社会责任为着眼点制定旅游产品价格,而将利润目标列于相对次要位置,强调社会效率最大化的目标。例如,我国鼓励公有制博物馆实施免门票,并积极推动国有景区降低门票价格,就是为了提升国民素养和文化自信。世界各国倡导对与环境保护关系密切的某些旅游产品也采用此种导向目标的定价方法。关于生态旅游产品的定价,国际惯例是根据旅游环境的承载能力来限制游客规模和确定旅游产品的价格,主要目的不是营利,而是关注旅游生态环境的持续健康发展。

营销实践
21

(二)旅游产品定价的过程

科学地制定旅游产品的价格,一般要遵循以下五个步骤。

1. 研究目标市场消费者的购买行为

旅游产品的营销活动需要在一定的目标市场中有针对性地开展,才能取得良好的效果。因此,旅游企业在旅游产品定价前,必须充分调研目标市场消费者购买行为,如分析其消费偏好、购买能力、需求容量、对价格的敏感程度等状况。同时,通过消费者对旅游产品的"认知价值"和消费需求程度的评估,预测消费者所能接受的最高价格。

2. 评估旅游产品的成本

旅游产品的成本评估主要包括:掌握旅游产品的成本结构,进行盈亏平衡点分析,计算单位旅游产品的固定成本、变动成本以及最低成本。最低成本是旅游企业生产旅游产品可以支撑的价格下限,是制定产品价格的重要的参考依据。

3. 分析旅游市场所处的环境

旅游企业制定产品的价格与市场环境的变化紧密相关。这里所指的市场环境,不仅仅是指目标市场,而是指旅游大市场。旅游企业在制定旅游产品的价格时必须综合考虑在区域性或者国际性的旅游大市场中,自身所面临的机遇以及来自各方面的挑战。例如潜在竞争者可能制定的价格、竞争对手制定的价格,以及各种社会文化环境因素引起人们消费心理变化等方面的问题。

4. 确定旅游产品的定价目标

旅游产品的定价目标科学与否,关系到旅游企业的生存与发展。因此,旅游企业确定旅游产品的定价目标时,要综合考虑影响产品价格的各方面因素。例如根据旅游市场需求、旅游企业自身规模与实力、竞争状况,结合旅游企业的发展战略确定符合该旅游产品实际的定价目标。这样,旅游企业在进行旅游产品定价和价格调整时会有所依据。即使整体环境发生变化,旅游企业也能够灵活应变并采取措施,实现其定价目标。

5. 选择旅游产品定价的方法及策略

要使旅游产品的价值顺利实现,并使旅游产品的价格易于为消费者所接受,旅游企业必须遵循旅游产品定价的基本原理。同时针对不同消费者的心理需求,巧妙地进行旅游产品定价。唯有如此,才能做到旅游产品定价的科学性与艺术性相结合,才能为旅游企业与消费者创造良好的合作环境。旅游产品定价过程如图6-1所示。

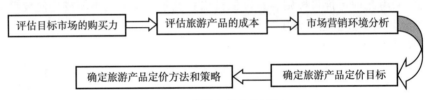

图6-1 旅游产品定价过程

(三)旅游产品的定价方法

旅游企业在为旅游产品定价时,要遵循的原则主要有利润最大化原则、产品质量保证原则、应对行业竞争原则、市场份额最大化原则,简单来说,定价时要考虑旅游产品的成本、市场需求和竞争状况三大因素,因此就形成了成本导向定价法(成本加成定价法、临界点定价法、目标利润定价法)、需求导向定价法(感知价值定价法、需求差别定价法)、竞争导向定价法(随行就市定价法、投标定价法、率先定价法)。

1. 成本导向定价法

成本导向定价法是旅游企业定价时,主要以成本为基础的定价方法。成本导向定价法可分为成本加成定价法、临界点定价法和目标利润定价法。

(1)成本加成定价法:一种最简单的定价方法,是指在旅游产品成本的基础上加上一个标准加价百分比。成本加成定价法计算公式如下:

$$单位产品价格 = 单位产品成本 \times (1 + 加成率)$$

式中:单位产品成本是旅游企业经营旅游产品所有的费用支出,包括固定成本和变动成本两个部分;加成率指的是预期利润占单位产品成本的百分比,时间不同、环境不同、地点不同加成率也不同。同样一种菜肴,在一家三星级酒店和一家五星级酒店,加成率有可能就不一样。例如某五星级酒店某菜肴的成本为50元,确定的加成率为60%。则该菜肴的销售价格为50×(1+60%)=80元。

采用成本加成定价法定价,关键是要确定合理的加成率,所以旅游企业要对市场环境、竞争程度、行业特点等因素都要有所研究。然而在实际操作中,这种定价法的缺点是定价的成本是单位产品成本,而不是社会成本或行业成本,因此,制定的价格可能与市场价格有偏离。并且在定价时重点考虑了旅游产品成本因素,对市场竞争状况和消费者的心理因素等有所忽略,所以制定出来的价格灵活性、适应性、竞争性比较差。但这种定价方法操作相对简单,消费者认为这样定价比较公平合理,较容易接受,所以这种定价方法被一些旅游企业采用。

(2)临界点定价法:又称盈亏平衡定价法、保本定价法,是指在预测产品销售量和已知固定成本、变动成本的前提下,通过求解产品盈亏临界点,从而制定旅游产品价格的方法。其计算公式如下:

单位产品价格＝(固定成本总额＋变动成本总额)÷保本销售量

或　　单位产品价格＝单位变动成本＋固定成本总额÷保本销售量

如果旅游企业把价格定在保本点价格上,则只能收回成本,不能盈利;若高于保本点定价便可获利,获利水平取决于高于保本点多少;如果低于保本定价点,企业无疑是亏损的。因此,此种定价法规定了在产量一定的情况下,产品的最低价格应该是多少。反之,如果产品单位价格一定,也可以计算出保本销售量是多少。

(3)目标利润定价法:临界点定价法考虑的是保证企业不亏本的最下限价格,但是获得利润是旅游企业的最终目的,利用目标利润定价法求单位产品价格,其计算公式如下:

单位产品价格＝(固定成本总额＋变动成本总额＋目标利润)÷预计销售量

或　单位产品价格＝单位变动成本＋(固定成本总额＋目标利润)÷保本销售量

如果考虑营业税率,上述公式可以修正为

单位产品价格＝[单位变动成本＋(固定成本总额＋目标利润)÷保本销售量]
　　　　　　÷(1－营业税率)

(4)边际贡献定价法:边际贡献是指产品销售收入与产品变动成本的差额,单位产品边际贡献指产品单价与单位产品变动成本的差额。边际贡献弥补固定成本后如有剩余,就形成企业的纯收入,如果边际贡献不足弥补固定成本,那么企业将发生亏损。在企业经营不景气,销售困难,生存比利润更重要时,或企业生产能力过剩,只有降低售价才能扩大销售时,可以采用边际贡献定价法。酒店在营业淡季为了提高客房出租率,减少客房闲置,弥补分摊的固定成本,就可以考虑采取此方法。

这种方法的基本计算公式如下:

单位产品价格＝(变动成本总额＋边际贡献)÷总销量

边际贡献定价法的原则是产品单价必须高于单位变动成本。因为不管企业是否生产、生产多少,在一定时期内固定成本都是要发生的,而产品单价高于单位变动成本,这是产品销售收入弥补变动成本后的剩余可以弥补固定成本,以减少企业的亏损(在企业维持生存时)或增加企业的盈利(在企业扩大销售时)。

2.需求导向定价法

需求导向定价法是指利用企业在制定产品价格时,以消费者对旅游产品的需求程度和对产品价值的感知而形成的心理价格为定价依据,是一种伴随着营销观念更新而产生的新型定价方法,所制定的产品价格可以随市场的变化而变化,灵活性较好,主要有感知价值定价法和需求差别定价法两种类型。

(1)感知价值定价法:又称为理解价值定价法、认识价值定价法,是指企业以消费者对产品价值的理解度为定价依据来制定价格。

如果采用这种方法定价,企业要解决两个关键问题,第一,对消费者的认知价值作出正确的估计和判断,通常需要市场调研;第二,用各种营销策略和手段提升消费者对产品价值认知,然后再根据产品在消费者心目中的价值来制定价格,如利用产品形象、网点选择和促销活动等对旅游者施加影响,对其感知价值作出有效引导。感知价值定价法的关键在于获得消费者对有关商品价值理解的准确资料。如果企业高估了消费者的感知价值,价格就可能过高,这样会影响商品的销量;反之,如果企业低估了消费者的感知价值,其定价就可能低于应有的水平,企业可能会因此减少收入。

(2)需求差别定价法:旅游企业根据市场需求的时间差、数量差、地区差以及消费者的消费水平和心理差异等因素制定旅游产品价格。这种定价方法是对同一旅游产品在同一市场上制定两个或两个以上的价格,或是不同旅游产品价格之间的差额大于其成本之间的差额。其定价的基础是消费者对同一或相似产品或服务的需求存在差异,如购买心理、购买时间(淡旺季)和地点(热点旅游区、冷点旅游区)等差异。这种定价法的优点在于满足了消费者的不同需求和个性化要求,价格灵活性比较强,并且能够给企业带来更多的利润,所以在实践中得到旅游企业的广泛运用。如旅游景区导游讲解费可以根据各类细微差异实施差别定价。

3.竞争导向定价法

竞争导向定价法是指通过对竞争对手的产品价格、生产条件、服务状况等现状进行研究,以竞争对手的价格为基础,从而确定同类产品的价格。常用的有随行就市定价法、投标定价法和率先定价法。

(1)随行就市定价法:以本行业的主要竞争者的价格为定价的基础,或者是以同行业的市场平均价格水平为基础,从而制定旅游企业的产品市场可行价格。这种方法最大的优点在于可以避免市场竞争,使企业获得稳定的市场份额。中小型企业采用此定价法比较普遍。因此随行就市定价法既能充分利用行业的集体智慧和反映市场供求情况,又能保证适当的收益,还有利于协调同行业的关系。

(2)投标定价法:买方引导卖方通过竞争取得最低产品价格的定价方法。买方密封递价,公开招标,卖方则竞争投标。买方按照物美价廉的原则择优选取,到期公布"中标"企业。旅游企业根据对其竞争对手报价的估计确定价格,目的在于签订合同,所以它的报价应该低于竞争对手的报价。

(3)率先定价法:旅游企业率先制定出符合市场行情的旅游产品价格,并能在竞争当中取得较好的经济效益的一种方法。这是一种主动竞争的定价方法,适用于实力雄厚或产品有特色的旅游企业。这种定价法最大优点在于能够在激烈竞争的市场环境中获得较大的收益,并且在市场中占据主导地位。

三、旅游产品定价策略

(一)旅游新产品定价策略

新产品定价是旅游市场营销策略中十分关键的一个环节,新产品在上市之初,定价是没有可以借鉴的,新产品价格如果定得太高,就难以被消费者接受,而定得太低又会影响企业的效益。常见的新产品定价策略有以下三种。

1. 撇脂定价策略

撇脂定价策略也称为高价策略，是指新产品投放到市场的初期将新产品的价格定得较高，在短时间内获得高额利润，尽快回收投资，随着时间的推移再逐渐降低产品的价格。这一定价策略就像从牛奶中撇取其中所含的奶油一样，取其精华，所以称为撇脂定价策略。

实行撇脂定价策略必须有一定的条件：第一，新产品比市场上现有产品有显著的优点，能使消费者"一见倾心"；第二，在产品初上市场阶段，产品的需求价格弹性较小或者早期购买者对价格反应不敏感；第三，短时期内由于仿制等方面的困难，类似仿制产品出现的可能性小，竞争对手少。此策略的优点是尽早争取主动，达到短期最大利润目标，有利于企业的竞争地位的确定。但缺点也明显，即由于定价过高，有时渠道成员不支持或得不到消费者认可；同时，高价厚利会吸引众多的生产者转向此产品的生产，加速市场竞争的白热化。这种定价策略比较适用于特种旅游产品，如探险旅游、狩猎旅游等。

2. 渗透定价策略

渗透定价策略也称为低价策略，与撇脂定价策略相反，是指旅游新产品投放市场的初期，旅游企业将产品价格定得较低，目的在于吸引较多的消费者前来购买，以求薄利多销，利用价廉物美迅速占领市场，取得较高的市场占有率。这种策略同撇脂定价策略相反，是以较低的价格进入市场，具有鲜明的渗透性和排他性。

采用渗透策略应具备两个条件：一是旅游产品的市场规模较大，通过大批量生产能降低生产成本，具备实现规模效益的潜力；二是旅游产品的需求价格弹性较大，消费者对该产品价格敏感性强，稍微降低价格，需求量会大大增加。

渗透定价策略的优点是有助于扩大市场份额，通过提高销售量来获得企业利润，也较容易获得销售渠道成员的支持；同时，低价低利对阻止竞争对手的介入有很大的屏障作用；另外随着产品价值的提升，为以后的价格提升留有余地。许多旅游景区在开业初期甚至更长时间内采用渗透定价策略，目的在于迅速打开市场，扩大市场知名度。当消费者达到一定规模并相对稳定后，伴随着旅游景区配套服务的日益完善、旅游项目的增加，价格逐渐提高，以获取更大利润。其不利之处在于定价过低，一旦市场占有率上升缓慢，收回成本速度也会变慢。有时低价还容易使消费者怀疑产品质量和产品档次。

3. 满意定价策略

满意定价策略也称为温和定价策略或适宜定价策略，是一种介于撇脂定价策略和渗透定价策略的折中定价策略，其价格水平适中，同时兼顾企业、购买者和旅游中间商的利益，能较好地为各方面所接受。正是由于这种定价策略既能保证企业获得合理的利润，又能兼顾旅游中间商的利益，还能为消费者所接受，所以称为满意定价。这种价格策略比较保守、稳定，在市场需求相对稳定，市场竞争相对平缓时候，企业经营风险较小，可以按期实现利润目标。但是，这种策略不太适合复杂多变和竞争激烈的市场环境，因为一方面在这样环境下难以制定满意价格，另一方面企业经营风险较大。

以上三种新产品定价策略利弊均有，并有其相应的适用环境。旅游企业在具体运

营销实践
22

用时,采用哪种策略,应从企业的实际情况、市场需求特征、产品差异性、预期收益,以及消费者的购买能力和对价格的敏感程度等因素出发,综合分析,灵活运用。

(二)心理定价策略

旅游企业通过对消费者心理进行分析,依据消费心理对价格数字的敏感程度和不同联想而定价的方法与技巧。主要有以下常用的六种定价策略。

1. 组合定价策略

组合定价策略,即企业迎合消费者求全和量多价必优的心理将两种或两种以上有关联的产品组合起来,制定一个包价,具体做法是将这些产品进行组合销售。例如酒店在节假日推出某项专题活动,活动期间将客房、娱乐项目、餐饮等以多种方式组合在一起实行销售,消费者可以选择自己需要的组合产品,有些酒店甚至和旅游景区、旅行社、大型商场和交通公司等联合起来,推出组合产品。

2. 吉祥数定价策略

吉祥数定价策略是基于消费者对某些数字特别偏好(其谐音比较吉祥),视为吉祥数。如"8"有兴旺发达、发财发家之说,许多旅游企业将产品价格定为带有"8"的数字,如108(谐音为"要你发")、1898(谐音为"要发就发"),或是定为其他有吉祥之意的数字,如4451(谐音为"事事如意")等。这种策略被旅游企业广泛运用。

3. 整数定价策略

整数定价策略是指企业把产品价格特意定成整数,以使消费者在心理上产生高质量、高档次的感觉。整数定价策略可以提高产品的身份,进而起到标识和提高消费者身份的作用。如总统套房本身就是一种身份和地位的象征,对于这种产品就应该采取整数定价,宁可将房价定为1000美元,不要定为980美元。

4. 尾数定价策略

尾数定价策略也称为非整数定价策略,是指企业在制定产品价格时以零头数结尾的非整数价格。据心理学家分析,消费者通常认为整数价格如10元、20元、200元等是概略价格,定价不准确,而认为非整数价格如9.96元、19.95元、198元等,是经过精确核算的价格,容易产生安全和信任的感觉,这满足了消费者求廉的心理。对于价格较低的产品,如餐厅的许多大众菜和饮料采用尾数定价策略,能使消费者对产品产生相对便宜的感觉因而迅速作出购买决策。

5. 价格段定价策略

消费者通常在心理上把一段价格看成是一个档位价格,如把101~199元视为100多元、201~299元视为200多元等。旅游企业可利用这种心理,将原来是188元的产品价格调整为198元(价格段中的高位数)不容易被消费者知觉,也容易被接受。如超过这个价格段,定位208元就容易被消费者知觉,而对销售量产生较大影响。

6. 声望定价策略

声望定价策略是旅游企业利用消费者仰慕名牌和名店的心理,一般会认为越是知名的国际酒店集团、知名旅行社和旅游景区等品牌旅游产品,价格就越高。因此一些具有较高较好社会声望的旅游企业,对产品实行高价格策略,以获得更多的利润。这种定价策略自然仅仅适合行业中经营时间长、品牌知名度高、处于行业领导地位的旅游企业或是具有较高价值和知名度的世界遗产类景区,一般旅游企业不宜采用。而且采用此策略制定的价格也并不是越高越好,要有个限度。

(三)差异定价策略

差异定价策略是指旅游市场营销者根据不同的顾客群体、不同的时间和地点对旅游市场进行细分,在细分市场之间需求强度差异较大,旅游产品不存在由低价市场流向高价市场的可能性时,对某同一个产品或服务采取不同的销售价格。这种差价不反映生产和经营成本的差别。主要有以下几种形式。

1. 顾客差别定价策略

同种旅游产品或服务,根据旅游者职业、收入、阶层或年龄的不同,制定不同的价格。例如景区对军人、老人、学生、教师等和旅游团队实行门票优惠政策。酒店对常住客人按其住宿的时间,分别给予不同比例的优惠价格,对旅游团队按其规模大小等实施团队价格。

2. 地区差别定价策略

旅游企业对同一种产品或服务在不同地区实施不同的价格,由于不同地区消费者的爱好和消费习惯不同,因而各地旅游市场就形成了不同的需求曲线和需求弹性。例如对本地居民和外地游客实施不同门票价格。

3. 产品差别定价策略

旅游企业对基本相似、成本差异不大的同种产品特意通过价格差异区隔成几类细分产品。例如许多旅游景区导游讲解服务费不管一次为多少游客讲解都是统一的价格,如每讲解一次收取50元讲解服务费,其实,对讲解服务稍微调整,就可以实行差异定价:可以是时间差异,设置30分钟讲解收费30元,50分钟讲解收费50元,80分钟讲解收费80元;可以是服务人数差异,设置3人以下收费30元,3~8人收费50元,8~15人收费80元,15人以上收费100元;可以是讲解员差异,设置首席讲解员收费150元,钻石讲解员收费100元,金牌讲解员收费60元,银牌讲解员收费40元。

4. 时间差别定价策略

旅游产品具有季节性,因此根据产品季节、日期甚至是分时的不同而制定不同的价格,如酒店客房的周末价格高于工作日价格、旅游淡旺季的价格也不相同等。餐馆就餐高峰期与非高峰期实施不同价格策略,非高峰期可以使用优惠券,高峰期一律按原价销售。这种定价策略,可以促使消费需求均匀化,避免旅游资源闲置或超负荷运转,也有利于鼓励旅游中间商和消费者增加购买的频率和力度,从而保证企业长期处于市场竞争的优势地位。

热点讨论 7

(四)折扣定价策略

折扣定价策略是利用各种折扣和让价吸引旅游中间商和消费者,促使他们积极推销或购买本企业产品,从而达到扩大销售、提高市场占有率的目的。旅游企业制定的旅游产品或服务的基本标价不变,但是对实际销售价格给予折扣,鼓励购买者大量购买、及早购买、现款购买旅游企业的产品。常见的价格折扣主要有以下几种形式。

1. 现金折扣策略

旅游企业对按约定日期付款的消费者给予一定比例的折扣，鼓励提前付款的方法就是现金折扣策略。采用这种方法的目的是鼓励旅游者提前付款，加速资金周转，降低销售费用，减少财务风险。旅游企业采用现金折扣策略要考虑折扣比例设定、给予折扣的时间限制、付清全部货款的期限。

2. 季节折扣策略

旅游企业在淡季时给予消费者或中间商的折扣优惠。这种策略可以调节淡旺季之间的销售不平衡，刺激旅游淡季旅游消费需求。

3. 数量折扣策略

数量折扣策略是指旅游企业对大量购买旅游产品的消费者按照购买产品的数量多少给予一定折扣的做法。购买数量越多，折扣越大。其目的是鼓励大量购买，或集中向旅游企业购买。

数量折扣包括累计数量折扣和一次性数量折扣两种形式。累计数量折扣会规定一定的时间，在这一定时期内购买的旅游产品数量累计达到一定的数量，就可以按照它的总量给予一定的折扣，其目的是鼓励旅游消费者经常向旅游企业购买旅游产品，成为可信赖的长期顾客，因此此种策略有助于建立和维持旅游企业与旅游消费者之间的业务往来关系。一次性数量折扣是规定一次购买旅游产品达到一定数量或购买多种旅游产品达到一定金额给予折扣优惠，其目的是鼓励旅游消费者大批量购买，促进产品多销、快销。如旅行社推出"16免1"的活动，如果一次性16人集体报名旅游团，可免收1人旅游费用。

4. 同业折扣策略

旅游企业根据各类旅游中间商在市场营销中所担负的职责不同给予不同的折扣或佣金。这种策略可以提高旅游中间商的积极性，但是旅游企业应该做出详细的计划安排，决定是否采用同业折扣或佣金，以及它的比例应该是多少。

（五）促销定价策略

促销定价策略实质上是发挥价格促销导向的作用，以特殊价格和特殊活动相结合的方式吸引旅游消费者，从整体上提高企业的销售收入和利润。比较常用的方法有以下三类。

1. 特别事件定价策略

特别事件的促销定价是指旅游企业在某些节假日、营业淡季、会展活动期间等举办特殊活动，适度降低旅游产品的价格或给予具有较强吸引力的价格折扣，从而刺激消费者，招徕生意，增加销售。例如，酒店为了提高知名度、提高销售收入，在开业周年庆典期间举办特色美食节，对各种美食实行优惠价。采用这种定价策略要考虑旅游企业促销活动的需要，让促销价格和促销活动相协调，提升促销活动吸引力，从而整体上提高企业的销售收入和利润。

2. 招徕定价策略

旅游企业将某一种产品的价格定得特别低，甚至不惜亏本或免费。当然也可以定价特别高，并广泛宣传，引起消费者好奇感，扩大企业影响。此策略的目的在于通过极低或极高的价格激发好奇感,吸引消费者进店消费,引发连带购买行为。

3.在线参与价格互动策略

旅游企业借助现代网络技术,设置各种形式的由旅游消费者参与的在线价格互动。例如线上竞拍、线上限时秒杀等。一般都是采用极具吸引力的价格吸引很多人参与,达到促销效果。

(六)定制旅游产品价格策略

1.定制旅游产品的概念

定制旅游产品是指旅游企业通过与旅游者进行一对一的信息交流,让旅游者参与旅游产品设计、开发和生产,按需定制,满足旅游者个性化体验需求的专属化旅游产品和服务。定制旅游产品彰显了旅游者个性化需求的特征,并且旅游者参与设计,增强了旅游者的参与度和满意度。在定制旅游的实施中,旅游企业必须着眼旅游者终身价值服务,最大限度地提供满足旅游者个性化需求的服务方式,形成与旅游者长期而稳定的服务关系,因此定制旅游产品更能突出旅游企业服务全面化、定位精准化的特征。

2.定制旅游产品的分类

目前定制旅游产品按照定制方式可以分为三种类型:单项组合定制旅游产品,如自由行的机票+酒店;主题定制旅游产品,如奢华游,有具体行程和主题,其实就是针对小众的特色旅游线路;高端私人定制旅游产品,也可以称为完全C2B定制旅游产品,旅游者提出具体需求并与商家对接,完全为旅游者量身定制,一人成团,专车专导。

营销实践
23

3.定制旅游产品的定价策略

整体上来看,定制旅游产品由于采购量远低于大众旅游产品,与旅游供应商议价能力弱,因此采购成本自然就高,尤其是人工成本比较高,一个旅游设计师可能花几天时间才能设计出一个完整的定制旅游方案。

定制旅游产品价格要明显高于大众旅游产品,但也要针对不同的目标市场,价格要有灵活性。可以根据定制旅游产品的特点实施以下价格策略。

(1)弹性价格策略:在定制化旅游产品体验营销过程中,一方面,旅游者的心情是一个很重要的因素,旅游者对价格的认定会随着心情的变化而不同;另一方面,体验时间、场景等不同,旅游者对价格的接受程度也不同。为了能使价格作用发挥到极致,保持定制化旅游产品价格的动态性,使定制化旅游产品的价格富有弹性是一种有效的做法。

(2)价格隐性化策略:价格隐性化策略是在开展定制化旅游产品体验营销时,突出价值而淡化价格的策略。在体验营销中,价格已经不再是旅游者是否购买旅游产品的可视性障碍。是否游有所值,是否能够彻底放松,才是最重要的。也就是说,定制化旅游产品体验营销注重的是对体验消费的引导,而不是单纯的价格吸引,以价值来代替价格,让价格隐性化,既可以突出旅游者所追求的体验价值,还可以消除旅游者在刚进入购买阶段时的紧张感,从而尽可能快地进入购买状态。

(3)递增式定价策略:递增式定价策略是指在定制化旅游产品体验的第一个阶段价格稍低,随着旅游者旅游体验的深入和对价格的淡化,将下一个体验阶段的价格定得稍高一点的策略。

(七)旅游产品价格调整策略

确定旅游产品价格后,在一段时间内应保持产品价格的相对稳定。但市场环境和旅游者的需求总是处于不断变化中,旅游企业必须根据环境的变化对旅游产品的价格进行调整,以适应环境的变化。旅游企业调整价格一般有旅游产品提价与降价、主动调价与被动调价两类策略。

1. 旅游产品提价与降价策略

旅游企业会根据实际情况作出提价或降价的决定。当然具体提价或降价方式也是多样的。有些是直接提价或降价,有些是间接提价或降价。根据价格规律,一般而言提价更多地采用间接方式,降价更多地采用直接方式。例如提价可以采用精确选择折扣对象、提高折扣门槛、适当减少单位产品分量(如每盘菜的量减少一些)、暂时停止使用优惠券等方式,这些方式比直接提价显得相对隐蔽,在一定程度上降低了因提价而带来的销售量减少的概率。

2. 主动调价与被动调价策略

如果旅游企业自行根据自身的市场份额、产品情况、经营业绩和市场预测而率先调整价格则是主动调价策略。如果是迫于竞争者的价格调整,而给旅游企业带来了新的竞争危险,除了跟进而别无选择,就属于被动调价策略。无论是主动调价还是被动调价都包含提高价格和降低价格两种方式。

（1）主动调价策略:从行业发展和维护旅游消费者需求利益考虑,一般而言,旅游企业应更多通过非价格竞争的方式参与市场竞争,如品牌竞争、产品附加值竞争、服务质量竞争等。从而促使旅游业的健康发展和消费者消费价值的不断提升。因此旅游企业不要轻易主动调价,主动调价容易引起价格战,降低行业整体利润水平,不利于旅游业长远发展和企业自身经营目标的实现。主动提价也容易引起旅游消费者和中间商反感,严重的会引发旅游消费者和中间商联合起来发动价格抵制行为,对旅游企业形象带来负面影响。但这并不意味着旅游企业不能主动调价。旅游企业需要根据实际环境的变化率先调整价格,这比被动调整价格可能带来更好的效果,获得价格的先动优势。例如旅游产品成本因原材料价格的明显上升而增加、旅游产品因创新而带来了明显的新附加值、旅游企业品牌价值的明显提升(如酒店星级的提升、旅游景区等级的提升)、旅游需求的显著增加等。如果旅游企业营销环境发生了上述明显变化,就应该果断主动地提高价格,否则就是错失发展机遇。当然调整价格也要注意技巧,尽可能减少价格变化对市场的负面冲击。

（2）被动调价策略:许多中小型旅游企业通常会面临被动调价态势,因为一般情况下,中小型旅游企业缺乏率先主动调价的优势条件,特别是对于高度同质化旅游产品。要使用好被动调价策略,需要对主动调价方的调价意图和原因进行准确分析,对其他企业可能采取的应对措施进行科学预测,并对竞争者这种调价行为对本企业可能产生的影响进行评估,从而确定是跟随调价还是保持不变,或是进行其他调整,如产品调整等。

君子务本,本立而道生。旅游产品价格之本在于所提供的顾客价值之高低优劣,无论采用何种定价策略都要务本,守得住"底线",才能获取合理利润。当代大学生更要树立正确的价值观,学会识别"价格陷阱",思考生活中系列价格现象,尽力为创造良好的旅游市场竞争环境贡献自己的力量。

实践实训

查阅各大OTA或酒店集团,尝试对其定价策略进行归类,并分析适用条件和具体效果。

第七章 旅游渠道策略
——顾客价值传递

学习目标：了解旅游营销渠道的概念与职能，熟悉旅游中间商的类型与功能，掌握如何选择旅游中间商，掌握旅游营销渠道策略的选择，掌握影响旅游营销渠道选择的因素，熟悉旅游营销渠道发展趋势。

重点难点：旅游中间商的选择、旅游营销渠道策略的选择、旅游营销渠道发展趋势。

素养目标：本章素养目标主要聚焦法治与道德教育，引导学生强化法治意识与道德修养，做遵规守纪和有道德情操的人。讲授旅游中间商功能与选择原则时，融入法治教育与道德修养教育，培养学生对旅游中间商的综合判断力；讲授旅游渠道策略选择与调整时，通过分析携程与诸多旅游企业和其他渠道商之间案例及其影响，增强学生的法治意识；讲授旅游营销渠道的未来趋势时，培养旅游营销渠道管理的创新思维，增强学生的前瞻能力。

广东旅控：探索"新媒体数字化创新营销"

2020年的疫情让广东省旅游控股集团有限公司（简称"广东旅控"）的酒店、旅行社等核心业务受到巨大冲击。为稳定业务与员工队伍，结合当时人们的生活及消费特点，广东旅控及时调整营销方式，通过融合创新的营销方式进行生产自救，增加经营收益，同时宣传和扩大集团品牌影响力，为未来发展锻炼队伍、积累经验，努力实现转型升级。

一、主要内容

2020年2月24日，农历二月初二，是我国民间传统"龙抬头"之日，当天，广东旅控开启"暖春行动，全员营销"新媒体营销系列活动。

1.全员分销

活动以"东悦游"分销平台为基础，开启广东旅控产品全员微店营销模式。在充分挖掘自有产品的同时，广东旅控积极主动承担社会责任，为农民想出路、为农产品想销路，上线了惠州、湛江、高州、梅州等地水果蔬菜、粮油米面，并从产品取名、品质筛选、包装打包、物流配送方面全面指导,解决农产品滞销难题。

2. 电商直播

为把握市场风口,广东旅控从零经验开始,开展系列直播。为推进当时的复工复产复业工作,提振旅游市场信心,集团响应省文化和旅游厅"广东人游广东"的号召,于2020年4月25日晚,举办了"广东有诚意,暖心游羊城"水陆空大型直播活动。广东旅控结合电商节、旅博会等活动,组织下属企业开展了十多场直播带货活动,并不断优化直播内容、加强企业品牌传播力度。在直播效果呈现上,从单纯的带货向"带货＋文化""带货＋助农"转变,向体验式直播、沉浸式直播转变,向世界推介广东,向广东推介世界。

3. 短视频营销

2020年7月28日,广东旅控联合抖音打造沉浸式西关风情的"抖in西关月饼推介会",吸引省内外50家大型经销商到场,珠江电视台、"粤食家"抖音号等同步直播,羊城晚报、广州日报、南方日报、南方都市报、信息时报等十几家传统媒体及新媒体同步报道,吸引大量关注。

二、社会反响

通过借助社群营销、直播、短视频等新营销手段,广东旅控在艰难时刻进一步宣传了企业品牌、扩大了集团品牌影响力,为人们的生活带来了方便和实惠,取得了一定的经济效益和社会效益,为传统旅游企业探索转型升级提供了有益参考。

截至2020年11月底,广东旅控共开展300场直播,营业收入达4000多万元,其中,孵化的"东悦游"自有直播平台,功能逐渐加强、产品日渐丰富、服务逐渐完善,累计进行直播150余场,上线产品3100多款,营业收入超3040万元。截至2020年11月底,广东旅控通过一系列融合创新的营销方式,共计为集团带来过亿元的增量收入。

三、经验总结

在一系列生产自救活动中,广东旅控的各项举措不仅是应时之需,也是长久之计,借助电商、直播、短视频等多种形式,打造自有流量"护城河",拓展具有广东旅控特色的电商经济。同时,秉承产品和服务才是"撒手锏"的信念,广东旅控将继续打磨产品质量、提升服务水平,继续拥抱互联网和数字经济,继续多组合、多层次利用各类新营销工具,寻求更大更广阔的市场和机会,为传统旅游企业转型升级和高质量发展积极探索可行之路。

四、专家点评

广东旅控的案例代表性在于其不依赖传统国企的资源、规模与政策优势,努力创新营销方式、产品形态、组织体系与商业模式,在打造新型营销推广平台的同时,优化传统组织结构、培育新型线上平台与团队、打造自有营销渠道,大胆地开展机制创新、商业模式创新、产品模型创新。广东旅控以上创新举措,一是解决了企业经营现金流问题;二是发动全员参与,在保障就业岗位的同时创新工作方式、担起社会责任;三是为打造新媒体营销渠道及自有线上私域流量池做好基础工作;四是为后续的发展培育了专业化人才队伍。广东旅控的举措,对行业而言,在体制机制创新、商业模式创新、产品形态创新、营销渠道创新方面开了先河,形成了带动和引领作用。

（资料来源：http://www.ctnews.com.cn/zt/content/2021-07/21/content_108480.html）

思考：广东旅控是怎样设计营销渠道，开拓旅游市场的？

渠道策略是市场营销组合策略的一部分，通过建立通达的营销渠道，将旅游产品在适当的地点和时间，以适当的营销渠道策略提供给旅游产品消费者，是旅游企业营销工作中重要的一个环节。旅游营销渠道的建立，就是为了向旅游产品消费者提供便利，进而提高旅游产品消费者和旅游企业之间进行市场交换的反应速度，实现顾客价值增值。随着"互联网＋"、移动终端、大数据、物联网等科学技术的发展，营销渠道不再局限于传统的线下实体店，任何消费者能接触的"点"都可能成为旅游产品营销的渠道，比如微信朋友圈、抖音、快手等。

一、旅游营销渠道概述

（一）旅游营销渠道的概念及特征

1.旅游营销渠道的概念

旅游营销渠道也称为旅游分销渠道，指旅游产品从旅游生产企业向旅游产品消费者转移过程中所经过的各个环节连接起来而形成的通路，其起点是旅游产品的生产者即各个旅游企业，终点是旅游产品消费者，中间环节是旅游中间商。

2.旅游营销渠道的特征

根据旅游产品的特点，在旅游营销渠道中，转移的只是旅游产品或服务某一段时间的使用权，而不是永久使用权，更不是所有权。旅游营销渠道具有以下特点。

第一，旅游营销渠道本质上是一种通路，反映旅游产品顾客价值传递的全过程、全路线。

第二，旅游营销渠道还是一种关系，体现了顾客价值传递全过程中形成的生产者、渠道成员和顾客关系。

第三，旅游营销渠道是一种资源，畅通的营销渠道、健全的关系网络都是旅游企业用于更好服务顾客的一种经营资源。

（二）旅游营销渠道的类型

1.按照中间环节的多少分类

（1）直接营销渠道：又称为零阶渠道，旅游产品从旅游产品生产者到旅游产品消费者之间没有任何中间商参与的渠道类型。这种营销渠道适应了旅游产品消费者个性化需求日益发展的趋势。旅游企业选择直接营销渠道，可以省去支付给中间商的费用，从而降低流通成本，使旅游企业有可能以较低的价格向旅游产品消费者销售其产品，在价格上赢得竞争优势。同时，对旅游企业来说，采用直接渠道的方式，有利于旅游企业及时了解和掌握旅游产品消费者对其产品的购买态度和其他相关市场需求信息,及时根据市场需求改进产品和经营方式;有利于企业提高旅游产品的质量和信誉。从旅游产品的销售实践看,直接营销渠道一般有以下三种形式。

第一,在旅游目的地,旅游产品生产者或供给者向前来购买产品的消费者直接销售其产品,在产品的生产地扮演了旅游零售商的角色。这种营销渠道至今仍被很多旅游企业所采用。例如游客直接前往旅游景区购买景区门票。

第二,在旅游客源地,消费者通过网络平台、移动通信等现代通信方式向旅游产品的生产者或供给者购买或预订旅游产品。旅游产品的生产者仍然扮演的是旅游零售商的角色。在当今的网络时代,现代信息技术在旅游业中广泛应用,这种直接营销渠道有了新的发展和突破。很多旅游企业都已开始借助电商或预订系统直接向消费者出售其产品或服务,为传统的直接营销渠道注入了新的活力。

第三,旅游产品生产者或供应者在产品生产地以外自建营销网点,直接向消费者销售其产品。由于这些销售网点是旅游企业在一定市场区域拥有的自设的零售系统,所以仍然归属于直接销售渠道。一般大中型旅游产品生产者或供应者会采用这种模式,并作为销售企业旅游产品的重要渠道之一。比如,航空公司在目标市场所在区域设立自己的分公司或售票处;酒店在机场设立销售点,直接向游客销售其产品;铁路部门在许多地点设立售票处、订票处并开展销售活动;大中型旅游公司通过自设的销售网点销售旅游产品等。

(2)间接营销渠道:旅游产品生产者或供应者通过旅游中间商将其产品转移给消费者的营销途径,即旅游企业不直接向消费者出售产品,而是通过旅游中间商进行。采用间接营销渠道意味着旅游企业可以借力中间商的专业性和其他优势,在一定程度上有助于消除单纯采用直接销售渠道的局限性。旅游产品或服务的生产者可以利用中间商的销售网络、商务关系与经验、专业化水准和规模经济优势,费用总水平通常会比生产者自营销售费用水平更低,可以获得更高利润。但是采用间接营销渠道,也意味着某种程度上旅游产品生产者放弃了如何销售产品和销售给谁等方面的控制,具有一定的市场风险。旅游产品的间接营销渠道,根据所经中间环节的多少,具体有以下几种情况。

第一,一级营销渠道。这种营销渠道中旅游产品从旅游产品生产者到旅游产品消费者之前只经过了一个中间商,中间商主要是从事旅游零售业务的旅游代理商或其他代理机构,旅游产品的生产者需要向旅游零售商支付佣金或手续费。

第二,二级营销渠道。这种营销渠道包括两个中介机构,由四个点组成三个销售环节,即旅游产品生产者—旅游批发商—旅游零售商—旅游产品消费者。其中,旅游批发商通常是指从事团体包价旅游批发业务的旅游公司或旅行社。

第三,三级营销渠道。这种营销渠道包括三个中介机构,即旅游产品生产者或供应者需要通过三层旅游中间商才能将其产品转移到消费者手中的销售途径。当前我国旅游企业拓展国外市场主要采用这一渠道模式,但随着全球化的发展,网络技术和通信技术的高速发展以及旅游市场开放力度的加大,这一多层次销售渠道模式将会逐渐被打破。从旅游产品生产者的角度看,渠道级数越多,控制的难度越大,旅游产品生产者一般总是和最近的一级中间商打交道,级数越多,越不容易了解到消费者的真正需求。当然,采用几级营销渠道,旅游企业应该根据产品特点、市场状况和企业自身条件等因素来决定。

2. 按照中间商数目分类

营销渠道宽度是指旅游企业在某一市场上并列地使用多少个中间商,即同层次中间商数量的多少。如果选择较多的同类型中间商来销售产品,则这种旅游产品的分销渠道就称为宽渠道,反之,称为窄渠道。

(三)旅游营销渠道的功能

1. 收集和传递市场信息

旅游中间商是联系旅游产品供给者和旅游产品消费者的桥梁和纽带,需要承担收集和传递信息这一功能。一方面,通过营销渠道把旅游产品的相关信息传递给旅游产品消费者,使旅游产品消费者更了解产品,促使其消费。另一方面,通过营销渠道收集旅游产品消费者的需求、旅游市场前沿动态、竞争对手的反应等信息传递给旅游产品供给者,以减少和避免旅游企业生产的盲目性,帮助旅游企业根据市场需求变化,提供旅游产品消费者所需的产品。尤其是随着信息技术的发展,营销渠道在这方面的功能则会增强。

2. 促进旅游产品销售

通过营销渠道向旅游市场传递与旅游产品相关的各类信息,承担市场调查、广告宣传、产品销售和为旅游产品消费者服务等方面的营销职能,与旅游产品消费者充分沟通并吸引他们,促进旅游产品销售。

3. 丰富旅游产品组合

旅游产品生产者很难向旅游产品消费者提供所需的各种旅游产品。而旅游中间商可以与多家旅游企业联系,并对多种旅游产品进行搭配重组,形成多样的产品组合,形成完整的系列化旅游产品。这样可以更好地满足旅游产品消费者不同的需求。

4. 分担旅游经营风险

旅游产品生产者通过与渠道成员建立合作关系,可以在产品生产、促销推广、融资担保、产品预售等方面进行合作,在产生一定渠道成本同时,也是一种经营风险的稀释和转移。

二、旅游中间商

(一)旅游中间商的概念和作用

1. 旅游中间商的概念

旅游中间商是指介于旅游产品生产者和旅游产品消费者之间,协助旅游企业推广、销售旅游产品给最终消费者的组织或个人。

2. 旅游中间商的作用

旅游中间商的存在可以减少旅游产品生产者在旅游产品营销上花费的时间与精力,促进市场营销,为旅游产品生产者和旅游产品消费者之间搭建桥梁,将双方的信息反馈给彼此,并有助于旅游产品生产者开拓新市场、推销新产品,从而形成旅游产品生产者、旅游中间商和旅游产品消费者三者共赢的局面。

(二)旅游中间商的类型

由于旅游产品生产者与旅游中间商之间的责权利关系不同,旅游中间商的类型呈多样化。在旅游市场营销中,旅游中间商主要有以下几种类型。

1. 旅游经销商

旅游经销商是指将旅游产品先买进以后再卖出的中间商,旅游产品购进价与销出价之间的差额就是其利润来源。旅游经销商营业业绩的好坏直接影响旅游生产企业的经济效益,并与旅游产品生产者共同承担市场风险。旅游产品经过经销商交易一次,产品的使用权得以转移,但不转移旅游产品的所有权。旅游经销商包括旅游批发商和旅游零售商两类。旅游批发商是指从事旅游产品批发业务的旅游公司或旅行社。通过大批量购买各类旅游产品的构成要素,组合成各种旅游产品,然后批发给旅游代理商或旅游零售商。旅游零售商是指将旅游产品直接销售给旅游产品消费者的中间商。

2. 旅游代理商

旅游代理商是指那些只接受旅游产品生产者或供应者的委托,在一定区域内代理销售其产品的旅游中间商。旅游代理商并不取得产品的所有权,只起交易中间人的作用,并不承担任何风险,其收入来自被代理企业支付的佣金。

有些地区旅游产品生产者在推销能力达不到或是无法找到合适的销售对象的情况下,可以利用旅游代理商的营销资源寻求营销机会。一般而言,在旅游产品比较好销的情况下,利用旅游批发商等中介组织的机会比较多,而在新产品上市初期或产品销路不太好的情况下,则利用旅游代理商的机会就比较多。

3. 其他类型的旅游中间商

除了旅游经销商和旅游代理商,还有一些其他形式的中间环节机构存在,在旅游产品分销过程中,承担着旅游中间商的功能,也是营销渠道中间环节的重要补充。其他类型的旅游中间商主要包括旅游经纪人、奖励旅游公司、酒店联营中央预订系统、航空预订系统、互联网销售系统、旅游消费者供应商电子系统、政府旅游组织等。

随着信息技术的发展,旅游电子商务的发展日益完善,旅游产品消费者消费行为方式的改变,互联网销售系统成为一种最具市场影响力的旅游中间商,如携程、途牛、去哪儿、同程旅行等在线旅行服务商(OTA)。互联网销售系统让旅游企业产品的全球营销成为现实,旅游产品生产者和旅游产品消费者可以在线面对面交流,这对传统的旅游中间商将会产生重大影响。

理论拓展 6

(三)旅游中间商的选择原则

选择合适的旅游中间商是一项重要的营销渠道决策问题。旅游产品生产企业在选择旅游中间商时,要结合本企业的实际情况,明确本企业建立的营销渠道要达成的目标,了解旅游市场需求、企业目标市场、市场竞争状况等因素,并进行认真调研,在了解旅游中间商的业务性质、业务能力、规模大小、信誉高低等因素的前提下,作出相应选择。

1. 经济性原则

旅游产品生产企业选择旅游中间商的目的之一就是降低营销成本、提升旅游效益。所以在做选择的时候就要考虑渠道费用、渠道收益等问题。旅游产品生产企业要对多个中间商进行评估，谁能为本企业带来更多长期稳定的客源、更多的销售收入、更准确的市场信息，在保证营销效果的同时，从中选出费用最低的旅游中间商作为合作对象。

2. 可控性原则

旅游业是服务型行业，旅游服务品质直接关联顾客价值和顾客满意度。渠道越长、中间商可控性越弱，服务品质把控和顾客关系维护难度就越大。旅游中间商是独立经营的企业，有自己的经营目标和服务理念，是否愿意配合旅游产品生产企业的营销行为值得重点考虑。因此，选择中间商时，需要考虑双方合作意愿和诚意，建立稳定科学的合作机制，并通过一定的激励措施、股权投资、法律约束等增强可控性。目前，在线旅游服务商发展迅猛，一些头部OTA对旅游生产商影响力越来越大，甚至成为掌控者。据了解，酒店集团、酒店加盟商、OTA之间多角博弈的情况长期存在。酒店集团处于链条的最上游，原本是可以利用"上帝视角"的规则制定方，对酒店加盟商和分销渠道都可以进行统一管理，无奈OTA手握流量，酒店加盟商又各自有小心思，规则在某些情况下并没有得到执行。

3. 适应性原则

旅游中间商对市场的适应能力直接影响旅游产品生产企业对市场的适应能力。所以旅游产品生产企业在选择旅游中间商时，应充分考虑以下两个方面：一是旅游产品生产企业对旅游中间商的适应性，如主要目标市场、经营理念等是否相适应；二是旅游中间商对目标市场的适应性，如经营范围与目标市场需求是否适应、服务宗旨与目标市场追求的主要顾客价值是否适应。

（四）旅游中间商的评估

根据旅游中间商的选择原则，在选择旅游中间商时，必须对其进行准确的评估，对旅游中间商有充分了解。旅游产品生产企业对旅游中间商的评估主要包括以下四点。

第一，评估旅游中间商的销售能力及意愿。选择旅游中间商并不是规模越大越好，要考虑旅游中间商对本企业产品的销售意愿，是不是尽力销售。

第二，评估旅游中间商的信誉。旅游产品生产企业要通过调研，向旅游中间商的主要合作者、服务对象来了解其信誉，从而选择信誉高的旅游中间商作为合作对象。

第三，评估经济效益。要对营销渠道成本、收益进行评估，保留获利能力强、成本费用低的旅游中间商。

第四，评估旅游中间商的目标市场的适应性。要评估旅游中间商经营地点的适应性、目标市场旅游产品消费者购买习惯的适应性、中间商与旅游产品生产企业的适应性等。

三、旅游营销渠道策略

（一）影响旅游营销渠道选择的因素

1. 目标市场因素

主要应考虑目标市场的范围、旅游产品消费者的集中程度、旅游产品消费者的购买习惯、销售的季节性、竞争状况等因素。具体来讲，如果旅游市场范围越大，旅游企业越有必要开辟间接营销渠道，通过中间商的力量组织客源和扩大销售，营销渠道就要长些，反之，要短些。如果旅游产品消费者集中在某一地区，则可选择短渠道或直接渠道，但是如果旅游产品消费者分布较为分散，则需要更多地发挥旅游中间商的作用，选择长而宽的营销渠道。

2. 旅游产品因素

影响旅游营销渠道选择的产品因素主要有旅游产品的性质或类型，旅游产品的档次或等级。一般情况下，旅游产品单价越高，营销渠道不应太长，单价越低，越易选择较长的渠道；较易损坏和易腐的旅游产品（如旅游工艺品、餐厅的菜肴等），旅游企业一般选择直接营销渠道；专项旅游产品（如攀岩旅游、考古旅游、滑雪旅游等）常需要特别的设施和特别服务，也常会选择直接营销渠道或短渠道。

3. 旅游企业自身因素

旅游企业的财力、信誉、旅游企业的管理能力、旅游企业控制渠道的愿望等自身因素，这些都会影响营销渠道的选择。财力雄厚、信誉良好的大型旅游集团，有能力选择较为固定的旅游中间商，甚至应侧重强化直销系统，或选择短渠道。

4. 环境因素

国家政策、经济形势、法律、社会文化、现代技术等环境因素也会影响营销渠道的选择。经济景气、发展较快时，旅游企业选择营销渠道的余地较大，但如果经济萧条、衰退时，市场需求下降，旅游企业就必须减少一些中间环节，选择较短的渠道。而电子商务的发展，必然对营销渠道的任务、性质产生重大影响。

5. 旅游中间商因素

选择营销渠道时必定要考虑旅游中间商的能力、利用旅游中间商所需花费的成本、旅游中间商的信誉、旅游中间商的服务质量等诸多因素。

（二）旅游营销渠道的策略

营销渠道对于旅游产品生产企业来说非常重要，但由于同时营销渠道又具有很强的惯性，一旦选择很难轻易改变。因此，在建立营销渠道之初就要尽量做到尽善尽美，充分考虑营销渠道的长度、宽度和各种渠道的联合等。

1. 直接营销渠道策略或间接营销渠道策略

旅游产品生产企业在选择用直接营销渠道策略或间接营销渠道策略时要考虑很多因素，如产品因素、市场因素、企业本身因素、外部环境因素等，比较两种渠道策略的使用条件（表7-1）。实际工作中，由于旅游产品是组合配套产品，价值具有不可储存性和时效性，面对的目标市场范围较广，目标顾客数量众多并且分散。因此，旅游企业通常会采用两种渠道策略并存的方式来销售旅游产品。

表7-1 直接营销渠道策略与间接营销策略的对比

条件	直接营销渠道策略	间接营销渠道策略
市场	集中,范围小	分散,范围小
产品	特殊线路 成本高、价格差异大的产品 出境旅游线路、豪华团等	常规线路 成本和价格差异小的产品 标准团等
旅游企业	市场营销能力强 资金充足 管理能力强 需要高度控制产品营销情况	市场营销能力弱 资金缺乏 管理能力弱 对产品市场营销控制要求不高

2.短渠道策略或长渠道策略

通常来说,短渠道有利于减少中间环节成本,与顾客沟通更便捷。由于增加了中间环节,长渠道不仅会影响供给者与消费者之间的沟通速度,甚至有可能因中间环节导致信息错误的情况发生。短渠道策略与长渠道策略的对比如表7-2所示。

表7-2 短渠道策略与长渠道策略的对比

条件	短渠道策略	长渠道策略
市场	客源市场相对集中 购买数量多	客源市场分散 购买数量少
产品	价格较高 新开辟的旅游线路 需要特殊服务的产品(如登山、探险等)	价格低 常规线路 不需要特殊服务的产品
旅游企业	实力雄厚,营销人员素质高 资金雄厚,财力足 增加的收益能够补充营销费用	销售能力较弱 缺乏资金,财力不足 增加的收入不足以补偿营销费用

3.宽渠道策略或窄渠道策略

营销渠道宽度的选择是指确定渠道的每个层次中使用同种类型中间商数目的多少,通常有以下三种形式。

(1)广泛营销渠道策略:也称为密集型营销渠道策略。它是指旅游产品生产者在渠道的每个层次中,尽可能多地使用中间商来销售其旅游产品的策略。适用于质量、价格与竞争对手相同或相似、市场面广的旅游产品。实施该种策略时,旅游企业对中间商的选择限制不多,只要双方在利益分配上达成协议,就能成为合作伙伴。

广泛营销渠道策略的优点在于扩大企业产品与旅游市场的覆盖面,广泛渗透目标市场,方便顾客购买,且不会因某一个中间商的失利而严重影响企业效益,有利于扩大市场份额和增加销量。缺点在于营销渠道费用较高,控制难度大,旅游中间商的积极性不高,容易引发客源争夺和利益分配不均等冲突。

(2)独家营销渠道策略:也称为专营性销售渠道策略。它是指旅游产品生产企业在一定时期内,在一个地区只选择一家中间商销售本企业的旅游产品。适用于某些特殊旅游产品或高档、豪华,或开拓新市场的旅游产品。实施这种策略时,双方会签订协议,规定好双方的责任和义务,规定旅游中间商不得经营竞争者的同类旅游产品,旅游产品生产企业则承诺在该地区市场范围内只对该旅游中间商独家供货。

独家营销渠道策略的优点在于有利于提升旅游产品生产企业和旅游中间商的形象,充分调动双方的积极性并为双方建立长期战略合作关系奠定基础,使双方成为利益共同体。但缺点在于该策略缺乏灵活性,不利于旅游产品消费者的购买,且风险较高,一旦旅游中间商不能胜任独家销售的重担,将严重影响旅游企业的整个市场营销计划。

(3)选择性营销渠道策略:旅游产品生产者择优选择一部分旅游中间商作为渠道成员来销售本企业旅游产品的策略。这种策略介于独家营销渠道策略和广泛营销渠道策略之间,适合价格较高或数量有限、专业性强的旅游产品。

这种策略的优点是旅游企业与中间商建立了联系,有利于扩大旅游产品的销售,有利于维护企业产品的良好信誉,建立稳固的市场竞争地位。选择性营销渠道策略以期得到高于平均水平的推销努力、较广的市场覆盖范围和较低的营销成本。

营销实践 25

四、旅游营销渠道的管理和发展趋势

(一)旅游营销渠道的管理

在选定营销渠道方案后,还要对其做一系列的管理工作,包括对营销渠道中旅游中间商评估与激励、旅游营销渠道调整和旅游营销渠道冲突管理。

1. 旅游中间商的评估与激励

(1)加强对中间商的检查与评估:旅游产品生产企业对旅游中间商的工作绩效要定期评估,以保证旅游中间商及时有效地销售产品。正确评估旅游中间商,可以及时了解情况,发现存在的问题,以便有针对性地对不同类型的旅游中间商实施激励方案。对表现较好、取得较好效益的旅游中间商要及时给予奖励;对长期表现不佳、实在不能有效工作的旅游中间商,考虑终止关系。

(2)加强对旅游中间商的激励:欲使旅游中间商的分销工作达到最佳状态,旅游产品生产企业要对其进行持续不断的激励。激励旅游中间商的基本点是了解其需要与愿望,并据此采取有效的激励手段。例如,旅游中间商在进行产品促销时,旅游产品生产企业可以提供一定的人力、技术支持,并适当分担一部分宣传费用,帮助其开展促销活动;在产品定价时,根据旅游中间商的信用和销售情况,旅游产品生产企业可以给予一定的优惠和折扣,对于信用好的旅游中间商,旅游产品生产企业还可以提供一定的资金支持。

2. 旅游营销渠道调整

为了应对市场的变化,旅游产品生产企业需要根据自身的要求和旅游中间商的绩效对现有营销渠道进行调整,以充分发挥营销渠道的作用,最大化实现营销目标。调整旅游营销渠道的方法主要有以下三种。

(1)增减某一旅游营销渠道成员:旅游生产企业如果要进行这种调整,需要进行经济增量分析,即分析增加或减少某个旅游中间商将会给企业利润带来何种影响、影响程度如何等。如果增加一个旅游中间商,那要考虑会给企业带来多少利益,以及会增加多少营销成本等问题。

(2)增减某一旅游营销渠道:当增减个别旅游中间商不能解决问题时,就要考虑增减某一条营销渠道。当渠道过多导致部分营销渠道不能发挥作用时,旅游产品生产企业就可以减少一部分作用较小的渠道;当渠道较少导致产品不能有效进入目标市场而影响销售业绩时,旅游产品生产企业就可以增加新的营销渠道。

(3)调整改进整个营销渠道:当原有旅游营销渠道的功能混乱甚至丧失,或者旅游产品生产企业的战略目标和营销方向发生改变时,有必要重新对营销渠道进行设计、规划和构建。这是战略层面的重大改变,需要经过全面调研、分析后才可以作出决策。

3.旅游营销渠道冲突管理

旅游产品生产企业可能同时拥有多种营销渠道,由于不同营销渠道的利益关系不同,因此这些营销渠道之间发生冲突是不可避免的。渠道冲突包括水平渠道冲突和垂直渠道冲突。

水平渠道冲突是指在同一营销渠道同一层次的渠道成员之间的冲突,主要表现为因争夺客源而引起的代理商与代理商之间的冲突。垂直渠道冲突是指在同一营销渠道不同层次的渠道成员之间的冲突,主要表现为因利益分配问题引起的旅游批发商与旅游零售商之间的冲突、旅游生产者与旅游批发商之间的冲突。但是,无论哪个层次的冲突,都会影响旅游营销渠道的整体运行效率和质量。为了保证整个营销系统的运行高效畅通,旅游产品生产企业要加强对旅游营销渠道的冲突管理。具体而言要做到以下几点。

(1)强化共同目标:管理者要有意识地激发旅游营销渠道中各成员的共同目标意识,引导各方紧密合作,追求共同的最终目标价值。

(2)促进交流沟通:旅游产品生产企业与渠道成员之间要保持良好的沟通,使各方在客源市场和利益分配方面达成共识,这样才能实现共赢。

(3)明确权责关系:不明确的权责关系和不合理的利益分配是产生渠道冲突的主要原因,旅游产品生产企业可以通过制定合理的权责方案来协调甚至约束渠道成员的行为。

(4)促进互惠互利:在整个营销渠道中,旅游产品生产企业和渠道成员会有不同的利益要求。因此,旅游产品生产企业在决策时要做到互惠互利,兼顾各方利益,以减少渠道成员之间、旅游产品生产企业与渠道成员之间的误会和矛盾。

(二)旅游营销渠道的发展趋势

随着旅游业的快速发展和日益激烈的旅游市场竞争,以及现代信息技术的不断更新,旅游营销渠道呈现出扁平化、联合化和信息化三大趋势。

1.旅游营销渠道的扁平化

旅游营销渠道的扁平化越来越倾向于直接渠道或短渠道。一方面减少中间环节,或尽可能让中间环节通过多元利益机制联合成为利益共同体;另一方面广泛布局各类型直销渠道,尽可能让顾客便捷地与旅游产品生产企业直接沟通。

2.旅游营销渠道的联合化

旅游营销渠道的联合化指渠道成员融合一体发展,如产销联合、产产联合、集团联合等。

(1)产销联合:也称公司型的纵向产销联合,是指旅游企业以延伸或兼并的方式建立起统一的旅游产品的产销联合体,使其具有生产、批发和零售的全部功能,以实现对旅游市场营销活动的全面控制。如携程与全球200多个国家和地区的30多万多家酒店,覆盖国内国际的各大航空公司,近20家海外旅游局和10多家国内旅游局等上下游资源方进行深入合作,还与超过300家金融机构和企事业单位达成合作,成为同业与异业合作的典范。

(2)产产联合:也称横向联合,是指两个及以上的旅游生产企业共同开发市场、销售产品而形成的共同销售渠道。横向联合销售主要有松散型联合和紧密型联合两种形式。松散型联合是各有关旅游企业,为了共同开发某一目标市场而联合起来,共同策划和实施市场销售的营销渠道。如旅游包机公司与旅游目的地的旅游生产企业联合起来共同开发某一客源市场。紧密型联合是多家有关旅游企业建立同时开展市场营销活动的销售公司,如旅游目的地的有关生产企业联合成立旅游销售公司。

(3)集团联合:这是一种比较高级的销售渠道联合形式。产供销等多个企业联合成为旅游企业集团经济联合体,具有生产、销售、信息、服务等多种功能。

旅游营销渠道联合化的发展态势,必将使旅游企业经营的业务多样化,甚至有可能超越传统的旅游产品经营范围,扩展到与旅游市场相关的其他市场。随着市场的进一步扩大,必然会使得旅游中间商复杂化,银行、超级市场、航空公司等进到销售渠道中来,承担销售业务,成为更为多元的旅游营销渠道。

3.旅游营销渠道的信息化

随着"互联网+"、移动终端、大数据、物联网等科学技术的发展,营销渠道不再局限于传统的线下实体店,任何消费者能接触的"点"都可能成为产品营销的渠道。现代化的通信设备将更有利于各类型旅游企业的营销渠道联合,从而形成体系完整、覆盖面广阔的线上线下一体化销售网络系统。

> **营销感悟**
>
> 大道之行,天下为公。旅游产品销售渠道成员之间要多一些诚信、多一份合作,唯有精诚合作、诚信经营才能共同做强旅游之大业,并成就个人之伟业。"一个篱笆三个桩,一个好汉三个帮",旅游中间商相当于旅游企业的"桩"和"帮",如果找到好的旅游中间商,会让旅游产品的营销工作起到事半功倍的效果。当代大学生当立天下之正位,行天下之大道,成为中国的世界文化旅游强国建设征程中的助推器和顶梁柱。

实践实训

以小组为单位,选择当地某家旅游企业,运用已学到的知识,通过查阅资料、实地调研等方式,分析该企业所采用的旅游营销渠道策略,并提出改进建议。

第八章
旅游促销策略
——顾客价值传播

学习目标：了解旅游促销的概念内涵，掌握旅游促销组合策略的类型，掌握并运用各种旅游促销手段和技巧，有效运用促销策略，掌握影响旅游促销信息选择的因素，熟悉各种旅游促销方式的特点，学会在实际促销活动中组合运用。

重点难点：旅游促销组合、智慧旅游促销方式。

素养目标：本章素养目标主要聚焦中国梦教育。讲授旅游促销作用时，通过一组旅游形象广告图片，分析激发梦想重要性，进而延伸到中国梦，让学生阐述中国梦的战略意义，思考为实现中国梦的个人梦想；讲授旅游广告宣传时，引入《中华人民共和国广告法》的内容，引导学生强化学法、懂法、守法的思想；讲授智慧旅游促销方式时，通过系列短视频，引导学生敢于创新、心中有梦。

江西省"嘉游赣"文旅电子护照

为实现游客"次次游江西、回回有优惠"的目标，2021年3月17日，江西省文化和旅游厅在"江西风景独好"全新产品服务子品牌——"嘉游赣"的基础上，整合"学子卡""英雄卡""友邻卡"等用户权益卡，推出了"嘉游赣"文旅电子护照，努力打造一个集产品推介、参观预约、门票购买、体验点评等功能于一体的线上"旅游社交社区"和"用户成长体系"。游客在江西省文化和旅游厅指定的省级线上旅游官方总入口"云游江西"平台登录后，即可申领"嘉游赣"文旅电子护照，并通过景区预约、酒店预订、数字展馆、景区导览、VR看江西、赣味美食、文旅商城等功能板块，获取文旅资讯、规划出行线路、购买文旅产品、享受智能服务、留言互动点评。用户可根据"嘉游赣"文旅电子护照的活跃度、成交量等数据积分、升级，获取更多优惠。

"嘉游赣"文旅电子护照上线9个月，用户数已突破270万，月活用户超过180万人次，逐步成长为"官方VIP"；2021年4月以来，江西省文化和旅游厅与各设区市政府联合,陆续在上海、广州、福州、杭州、南京、厦门、西安、宁波等重点客源市场,组织开展了30多场"红土情深·嘉游赣"系列文旅推介活动。"流量VIP":2021年3月,江西省文化和旅游厅在抖音上推出的"不负春光嘉游赣",播放量突破了16亿次。"潮玩VIP":2021年7月以来,江西省文化和旅游厅联合美团开展"美好生活嘉游赣",联合小红书开展"标记生活嘉游赣",联合携程开展"携手同行嘉游赣"等网络达人直播、打卡、踩线活动,相关话题阅读数和浏览量超过2.5亿。"特惠VIP":可不限量领取5~100元打车抵扣券,全网最低价购买600多项景区内二销产品,享受省内1000多家商户的6.8~8.8折优惠等,用户通过会员权益享受的优惠金额已超2000万元。

下一步,江西省文化和旅游厅还将推进"嘉游赣"文旅电子护照用户成长体系建设,联合抖音、快手、B站、同程旅行等平台,打造"DOU来嘉游赣""快趣旅行嘉游赣""哔游之地嘉游赣""我的青春嘉游赣"等原创IP,推出更多特色玩法和"VIP权益",努力使"嘉游赣"文旅电子护照用户成为"全网最火VIP"。

(资料来源:整理自中国旅游新闻网2021年度中国旅游影响力营销案例投票有关资料)

思考:"嘉游赣"文旅电子护照首秀成功之处体现在哪些方面?如何促进传统旅游促销方式和智慧旅游促销方式的融合?

促销是传统营销4P的四个核心环节之一,在新型营销组合4C中称为沟通,在旅游企业营销中意义重大。要想与顾客建立良好的关系,旅游企业不能仅仅是开发优质旅游产品、制定有吸引力的价格和为目标市场提供便捷销售渠道。旅游企业必须通过促销将它的价值主张传递给顾客,以达到扩大销售的目的。因此在旅游市场的营销组合策略中,旅游产品策略强调的是顾客价值谋划,旅游产品价格策略强调的是顾客价值赋能,旅游渠道策略的侧重点是顾客价值传递,而旅游促销策略的着力点是顾客价值传播,也就是在旅游企业和旅游消费者双向沟通中展示和宣传企业所提供的独特顾客价值。

一、旅游促销概述

(一)旅游促销的概念

促销,也可以说是促进销售。旅游促销是指旅游营销者通过一定的传播媒介向旅游消费者进行宣传、吸引、说服等工作,以促使其了解、信赖并购买旅游产品的目的,其实质是旅游营销者与旅游产品潜在购买者之间的信息沟通。

旅游促销的根本目的就是引发和刺激潜在旅游消费者的购买欲望,最终导致旅游产品购买行为的发生。

(二)旅游促销的作用

在现代旅游市场营销活动中,旅游促销具有以下几方面的重要作用。

1.传递信息

旅游产品进入市场或即将进入市场,旅游产品生产企业通过促销手段及时向旅游中间商和潜在旅游消费者提供信息,引起社会公众的广泛注意,激发美好梦想。并吸引持续关注度,把众多分散在各地的旅游消费者与旅游企业联系起来,便于旅游消费者选择和购买,成为现实的旅游消费者。

2.唤起需求

在促销活动中向潜在旅游消费者介绍产品,具有诱导需求和创造需求两种作用。人类生存和发展的需要引发旅游动机,随着经济发展和人民生活水平的提高,人们生存、发展需要的内容和范围也在不断拓展,从而形成不断发展的潜在需求。旅游促销的重要作用,就在于通过介绍新的旅游产品,展示合乎潮流的生活方式,从而唤起潜在旅游消费者的购买欲望,创造出新的旅游消费需求。

3.彰显特色

旅游产品生产企业通过促销活动,可以显示旅游产品的突出性能和特色。并通过一系列的优惠政策促使潜在旅游消费者加深对本企业独特顾客价值的了解,从而强化竞争优势。

4.稳定销售

旅游促销是一个双向的沟通活动,有助于旅游产品生产企业得到即时、动态的市场反馈信息。企业可以基于这些市场信息,优化营销组合策略,为旅游消费者提供更有针对性的顾客价值,从而成为企业忠诚客户,稳定产品销售,巩固旅游企业的市场地位。

(三)旅游促销组合

旅游促销组合是指旅游企业根据信息传播需要,有计划、有目的地对广告宣传、人员推销、公共关系、营业推广等促销方式进行科学搭配和综合运用。广告宣传、人员推销、公共关系及营业推广等促销方式有各自适用条件、成本属性和独特优势,不同时期、不同旅游产品的促销侧重点也不相同。由此,制定旅游促销策略,需要根据现实条件,对四种促销方式进行合理选择、综合编配,从而在一定资源约束下形成最佳传播效果。

在确定促销组合策略时,主要应考虑以下因素。

1.旅游促销目标

在特定时期、对特定旅游产品,旅游企业促销目标各有差异。例如,有时主要是迅速提升销量或增加游客量;有时主要是提升知名度、美誉度;有时主要是树立某种形象;有时主要是化解公众危机等。所以,要根据具体的营销目标对不同的旅游促销方式进行适当选择。

2.旅游市场状况

旅游市场状况主要受市场覆盖范围、市场竞争状况等影响。一般而言,市场覆盖范围广或主要面向大众散客市场,更多使用广告宣传;面向特定组织、旅游消费者或中间商,更多使用人员推销。市场竞争特别激烈时,则同时使用推式策略和拉式策略。推拉策略示意图如图8-1所示。

营销实践 26

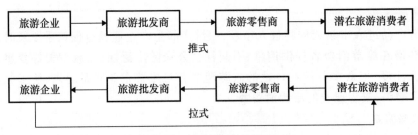

图8-1 推拉策略示意图

3. 旅游产品生命周期

在旅游产品生命周期的不同阶段,旅游企业促销的重点和目标不同,要采用不同的促销组合。一般而言,在导入期,旅游促销的侧重点是提高旅游消费者对旅游产品的认知率并尝试购买,主要采用广告宣传和公共关系提高知名度,用营业推广刺激尝试新品;在成长期,旅游促销的重点是增加销售量,主要通过人员推销带来大量团队客户和中间商客户;在成熟期,旅游促销的重点是巩固顾客关系并稳定销量,主要用公共关系增强顾客黏性,用营业推广不断提升市场人气。

除此之外,旅游产品促销组合的运用还应考虑旅游促销预算、旅游产品特点、旅游企业特征、竞争状况等多方面影响因素,来制定相应的促销组合方式。

二、旅游人员推销

(一)旅游人员推销的特点

旅游人员推销是指旅游企业派出推销人员深入旅游中间商或旅游消费者进行直接的宣传介绍活动,使其了解企业的旅游产品并采取购买行为的促销方式。与其他促销方式相比,人员推销的最大特点是双向直接沟通。人员推销可以采取与顾客面对面、电话访问或借助现代通信设备与顾客直接沟通。通过推销人员的声音、形象、动作或使用产品宣传图片、视频等直接向顾客展示产品,直接进行相互交流。这一特点使得人员推销具有优于非人员推销的一面,也有劣于非人员推销的一面。

旅游人员推销的优点具体表现如下。

第一,便于收集市场情报。推销人员与顾客保持直接联系,在向推销对象传递旅游信息的同时,也可以深入了解到顾客需求和竞争对手的状况,从而可以为旅游企业获取宝贵的市场情报。

第二,便于实施精准促销。旅游人员推销一般需要精心选择推销对象、分析所选推销对象购买特点和消费心理,精心设计具有较强针对性的推销方式。相对于其他促销方式,人员推销使旅游促销更为精准,促销效果也比较明显。

第三,便于及时促成购买。旅游人员推销的双向直接沟通,大大缩短了从促销活动到实施购买行为之间的时间间隔。如果采取广告促销方式,顾客需要一个自我接收、思考、比较、认定及购买的时间段。

第四,便于巩固客户关系。不同于广告宣传的单向传播、公共关系的全面撒网,也不同于营业推广的短期刺激,推销人员与特定顾客在长期接触过程中,易于相互了解、彼此信任，进而为企业积累一批长期稳定的顾客群。

旅游人员推销的缺点：推销成本较高；对推销人员的管理比较困难；如果想获得理想的推销人员不容易；推销范围受推销员数量的限制。

（二）旅游人员推销的过程

旅游人员推销的过程如图8-2所示。

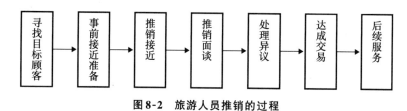

图8-2　旅游人员推销的过程

1.寻找目标顾客

旅游人员推销策划的首要任务就是寻找目标顾客，可以利用现有顾客介绍、建立关系网、利用各种资料建立情报网等方法进行寻找。

2.事前接近准备

旅游推销人员在接近顾客前，必须做好事前接近准备，制订周密的计划、预估可能出现的各种情况，并拟订出应变方案，以保证顺利进入面谈阶段。事前接近准备包括了解目标顾客的爱好、拟订推销接近的方案、确定见面的时间和地点、对推销过程中可能出现的意外情况作出预测、准备好接近顾客时必需的资料、与顾客进行事先约见、向拟访顾客通报访问的时间与地点等。

3.推销接近

推销接近即开始登门拜访顾客。推销接近的技巧要有商品接近法、利益接近法、介绍接近法、问题接近法、馈赠接近法、赞美接近法等。

4.推销面谈

推销面谈是指旅游推销人员运用各种方式、方法和手段去说服顾客购买旅游产品的过程。推销面谈的目的在于沟通推销信息，诱发顾客的购买动机，激发顾客的购买欲望，说服顾客采取购买行动。

5.处理异议

旅游推销人员在推销过程中会遇到顾客提出不同的意见，推销人员要弄清顾客产生异议的真实原因，克服困难和排除障碍，说服顾客，促成交易。

6.达成交易

达成交易是推销人员所希望的结果，是整个推销工作的最终目标。推销人员应该善于抓住与顾客能够成交的机会，尽快促成交易。

7.后续服务

成交签约，并不意味着交易的结束，还需要推销人员继续与顾客交往，如提供售后服务、征求顾客意见以及和顾客保持一种良好的关系等。

(三)旅游推销人员的管理

对旅游推销人员进行有效的管理不仅可以提高旅游推销人员的销售业绩,还可以有效避免因人员流失造成的企业客户减少。旅游推销人员的管理包括招聘、培训、指导、激励和考评等环节。

1.招聘旅游推销人员

选拔优秀的旅游推销人员,对旅游企业拓展市场极为重要。旅游人员推销策略成功与否,关键在于旅游推销人员。有研究表明一个推销人员队伍中,20%的优秀推销人员往往创造出了80%的业绩。

一般来说,优秀的旅游推销人员需要具备以下素质。

一是富有进取心。优秀的旅游推销人员应具有一种内驱力,具有强烈要求完成推销任务的内在需要。

二是有好的服务精神。旅游推销人员不仅是旅游企业的代表,更是顾客的顾问,对顾客要有服务精神,把握好推销机会,帮助顾客获取购买和消费的利益,能够设身处地地为顾客着想。

三是知识层面广。旅游推销人员必须有旺盛的求知欲,善于学习为完成推销工作所必需具备的广泛知识,优秀的旅游推销人员是一个"万事通"。

四是有灵活的推销技巧。旅游推销人员应具有灵活的推销技巧,具有极强的语言和行动感染力,能够用语言和行动去感染顾客,即善于从顾客需求角度进行宣传推销旅游产品,促使其购买。

2.培训旅游推销人员

招聘旅游推销人员后,还要对其进行岗前培训,培训内容一般包括旅游企业基本情况、旅游推销人员的职责和工作程序、推销知识和技巧、旅游产品情况、目标客源市场情况、竞争对手的情况和旅游企业现有的旅游营销渠道和促销策略等。除此之外,对原有的旅游推销人员,每隔一段时间,也要组织集训,学习和认识旅游企业新的经营计划、新的市场营销策略与新的旅游产品。

3.指导旅游推销人员

指导旅游推销人员制定针对目标顾客的推销方案,以促使其合理安排时间,出色完成旅游企业的推销任务。对旅游推销人员进行指导的做法通常是将推销对象分为几个等级,根据不同级别的重要程度安排访问的次数和时间的长短。

4.激励旅游推销人员

如果想要调动旅游推销人员的积极性,就要建立有效的激励机制,促使旅游推销人员不断进取创新。激励的方式可以分为精神激励和物质激励。常用的是销售定额激励、事业发展激励和荣誉激励三种方法。销售定额激励可以使旅游推销人员的报酬增加。事业发展激励和荣誉激励重视推销员的工作,向推销员提供晋升的机会,及时的奖励可以满足他们对成就感的需要。

5.考评旅游推销人员

对旅游推销人员进行考评可以帮助旅游企业选拔优秀的员工,裁掉不合格的员工,从而提高推销队伍的整体水平。主要从业绩和品质两个方面对旅游推销人员进行考评,业绩考评是以旅游推销人员的销售额为依据对其销售能力进行综合评价,主要考评的是旅游推销人员对旅游企业净利润所做的贡献。品质考评主要侧重于旅游推销人员职业道德、对旅游企业的忠诚度以及个人的仪表、言谈、气质等方面的考评。

三、旅游公共关系

(一)旅游公共关系的概念和类型

1. 旅游公共关系的概念

旅游公共关系是指旅游目的地或企业以社会公众为对象,以树立、维护、改善或改变旅游目的地、旅游企业或旅游产品的形象,提高知名度、美誉度和忠诚度为目标所建立的社会组织关系。旅游公共关系作为一种特殊的促销形式,本质是要与社会公众建立良好的关系。

2. 旅游公共关系的类型

按照所要达到的目的来看,旅游公共关系可以划分为以下几个类型。

(1)宣传型公共关系:运用各种媒介,编印宣传性文字、图像材料等方式向社会公众传播旅游目的地或企业的有关信息,以形成有利于旅游目的地或企业发展的社会印象与舆论环境的活动模式。该类型公关活动能够及时通过媒体进行正面宣传,主导性、时效性强,可信度高,影响面宽。但是需要公共关系部门和新闻界保持密切的联系。

(2)征询型公共关系:通过问卷调查、民意测验、征询热线等方式,吸引社会公众参与旅游目的地或企业发展的讨论,为旅游目的地或企业的经营管理决策提供客观依据,以不断完善旅游目的地或企业形象的公共关系活动。征询型公共关系活动可以了解到社会公众对旅游产品的好评或不满,为下一步经营管理提供客观依据,从而有利于旅游促销。

(3)服务型公共关系:为社会公众提供热情、周到和方便的优质服务,以增加社会公众对旅游目的地或企业信誉的深刻体验,从而实现提升形象的一种公共关系活动。服务型公共关系活动要求旅游企业公共关系人员树立以顾客为中心的服务意识,即顾客第一、顾客至上。

(4)交际型公共关系:通过各种社交活动与社会公众保持联系,增进友谊,亲近人际关系,从而提高旅游旅游目的地或企业形象的公共关系活动。

(5)赞助型公共关系:通过与某些社会团体建立联系,参加社会项目活动,举办各种具有社会性、文化性的赞助或公益活动来塑造旅游目的地或企业形象的公共关系活动。社会赞助是提高旅游形象的重要手段之一,也是充分表现旅游目的地或企业的社会责任,展示精神风貌的重要手段。旅游目的地或企业可以通过向灾区捐款捐物、赞助运动团体或大型的文体活动等方式来正面树立旅游形象。

(二)旅游公共关系的常用工具

旅游公共关系可以用比广告宣传更少的成本支出影响公众对旅游目的地或企业的认知,并且通常更加可信。旅游目的地或企业可以根据自身需要组合选用以下几类

营销实践
27

常用工具。

1. 新闻发布会/媒体见面会

围绕重大事件、新品上市、节庆活动等召开线上线下新闻发布会或媒体见面会，便于进行一站式推广，引起媒体传播造势。

2. 宣传材料

策划各类线上线下旅游目的地或企业宣传材料，如年度报告、专题采访、独家报道、主题视频、公关软文等。

3. 事件营销

谋划各类旅游采风、节庆活动、赛事活动、名人直播、高管采访等特殊事件，进行软性促销。

4. 展览会/推介会

积极参与或策划各类旅游博览会、交易会、展销会等，到主要目标市场举办旅游推介会。

5. 公益活动

面向特定群体、组织或区域，谋划植树造林等各类社会公益活动，为特定人群或事件提供赞助、捐赠等，展示良好社会责任、扩大社会影响。

（三）旅游公共关系的危机管理

旅游公关危机是指由人为或非人为因素引发的，严重损害旅游组织形象的非预期性事件或事故。为避免和减轻危机事件给旅游组织所带来的严重威胁，需要强化旅游公共关系危机管理。

强化旅游公共关系危机管理的作用主要体现在以下四个方面。

1. 预防危机发生

"凡事预则立，不预则废"，建立危机预防管理机制，当危机处在萌芽状态时及时将其消灭，使危害降至最低甚至消除危机。

2. 减少危机造成的损失

当危机突然来临时，由于有所准备，应对得法，临危不乱，可以使危机给企业造成的损失降低到最低，甚至能够变坏事为好事。

3. 使危机处理工作有序

在旅游企业决策层领导下成立危机管理小组，当危机出现时由危机管理小组协调各部门之间的关系，各司其职，使危机事件处理工作有序开展。

4. 重塑良好形象

危机事件都会在公众的心目中对组织的形象、声誉造成不良影响。通过危机事件处理，可以控制事态进一步发展，使危害得到控制，必要时抓住时机，塑造出比以前更好的组织形象。

发生旅游公共关系危机的原因有很多，有因自然灾害或社会政治原因引起，也有因管理失误或行为不当引起，还有因不正当竞争等引起，旅游目的地或企业组织要针对不同原因，及时应对，灵活处理。

营销实践 28

营销实践 29

营销实践 30

四、旅游营业推广

(一)旅游营业推广的概念和特点

旅游营业推广又称为销售促进,是指旅游目的地或企业为迅速刺激和扩大需求而采取的除广告宣传、人员推销和公共关系外的各种短期性促销方式的统称。

旅游营业推广多用于特定时期、特定旅游产品的销售。一般具有短期性、临时性、强刺激性和短程高效性特点。旅游营业推广虽然具体形式灵活多样,且具有较强的刺激性,往往能产生立竿见影效果。但过分渲染或经常使用旅游营业推广,难免让顾客对产品质量或价格的真实性产生怀疑。

(二)旅游营业推广的类型

1.面向旅游消费者的推广方式

(1)免费促销:在旅游淡季直接免门票,或免住宿等,带动游客进行其他消费。如河南省为促进文旅复苏,于2021年10月10日到11月10日举办"豫见金秋 惠游老家"活动。期间,全省共有432家A级景区对全国游客免门票,门票免费不包含景区二次消费、景区内交通等。

(2)有奖促销:购买大量旅游产品时赠送旅游住宿、机票或旅游纪念品等,或是提供抽奖券、返现金等。

(3)优惠促销:提供各类优惠券,发行旅游消费惠民券。

(4)会员促销:借力会员系统,通过提供会员价、会员特享活动等吸引会员,刺激销售。

(5)活动促销:通过大规模活动营造良好销售氛围,如谋划美食节、店庆、节假日专题活动等。

营销实践
31

(6)联合促销:推出各种旅游套餐,联合外部商家共同推出大型促销活动等。

2.面向旅游中间商的推广方式

(1)临时折扣促销:为获得特定时期旅游中间商的支持,推出对旅游中间商组织大量游客可以享受更大比例折扣。

(2)销售竞赛促销:为刺激旅游中间商多输送客源,可以根据各旅游中间商销售业绩,给予前几名现金奖、实物奖、度假奖等。

(3)资助促销:为了与旅游中间商建立长期友好合作关系,对表现突出的旅游中间商给予装潢支持、广告支持、推广支持、培训支持等。

3.面向旅游推销人员的推广方式

旅游推销人员也称为销售代表,是旅游促销的重要力量。对表现突出的旅游推销人员可以提供带薪休假、奖励旅游、销售提成、培训晋升等奖励方式,目的是鼓励旅游推销人员积极开展推销活动,提高销售量。

营销实践
32

(三)旅游营业推广的过程

旅游营业推广的过程如图8-3所示。

图8-3 旅游营业推广的过程

1. 营业推广对象的确定

旅游营业推广对象有旅游消费者、旅游中间商和旅游推销人员。在不同时期,旅游企业营业推广的主要对象不同,因此采取的推广方式就不一样。

2. 营业推广目标的确定

要依据所选定的目标市场对象确定营业推广目标。如果推广对象是旅游消费者,营业推广的目标是增加使用量、鼓励经常和重复购买、吸引潜在消费者使用;如果推广对象是旅游中间商,营业推广的目标是鼓励增加经销量和协助进行促销活动;如果推广对象是旅游推销人员,营业推广的目标是鼓励旅游推销人员积极推销旅游产品。

3. 营业推广方案的策划

营业推广方案是旅游企业营业推广活动的具体安排,策划的方案要具体包括旅游营业推广的规模与强度、对象、途径、时间及费用等内容。

4. 营业推广方案的实施和控制

旅游营业推广方案制定以后必须实施,并在实施过程中进行有效控制,发现问题及时解决,不断完善推广方案,力求达到最佳效果。

5. 营业推广效果的评估

实施方案之后,必须对实施结果进行评价,以便了解旅游营业推广是否已取得预期效果。评价方法常见的有销售量评价法和利润评价法。

五、旅游广告宣传

(一)旅游广告宣传的分类

旅游广告宣传是指有偿使用一定的媒体,向目标市场的受众传播有关旅游产品、旅游企业或目的地的信息,以扩大影响和提高旅游知名度,达到刺激消费、提高销售量的目的。广告宣传的优点是传播形式灵活多样、信息传递快、宣传覆盖面广。缺点是多为单向传递,不能及时得到旅游消费者的反馈,传播效果难以立即体现,有些媒体广告费用较高。

旅游广告宣传的类型多样,按照不同分类标准,可进行如下划分。

1. 按照广告发布媒介分类

根据使用的媒介不同,旅游广告宣传可以分为以下几类。

第一,印刷媒介广告,也称为平面媒体广告,即刊登于报纸、期刊、招贴、海报、宣传单、各类包装等媒介上的广告。

第二,电子媒介广告,是以电子媒介如广播、电视、电影等为传播载体的广告。

第三,户外媒介广告,是利用路牌、交通工具、霓虹灯、热气球、飞艇、移动行李箱、居民小区公共设施等户外媒介所做的广告。

第四,数字互联媒介广告,是利用互联网作为传播载体的新媒体广告,如微信、微博、微视频、微程序等广告,具有针对性、互动性强,传播范围广等特点,发展前景广阔。

第五,销售现场广告,又称为售点广告或POP广告,就是在旅游组织销售现场或展销会等场所,通过各类展示、展演等方式进行广告信息的传播。有橱窗展示、商品陈列、模特表演、彩旗、条幅、展板等形式。

第六,直邮广告(DM),通过线上线下邮寄途径将传单、商品目录、产品信息等形式的广告直接传递给特定的组织或个人。

第七,植入式媒介广告,植入营销相当于隐性广告或称其为软广告。植入式广告不仅运用于电影、电视剧、娱乐综艺节目,还可以"植入"各种媒介,如报纸、期刊、网络游戏、手机短信,甚至小说。

第八,其他媒介广告,利用体育活动、年历、办公用品、各种文娱活动等形式而开展的广告宣传。

2.根据广告发布技术分类

根据广告发布技术不同,旅游广告宣传主要分为以下几类:一是使用传统技术的传统媒体广告,如广播、电视、期刊类广告等;二是使用现代网络技术的现代媒体广告,如各类新媒体广告;三是使用未来新出现的各种高科技的未来媒体广告。上海、重庆、杭州等之所以成为"网红城市",得益于敢于大胆使用现代媒体策划广告宣传。

3.根据广告的地理覆盖范围分类

根据广告宣传的主要地理覆盖范围,旅游广告宣传可分为国际性广告、全国性广告、地区性广告。

4.根据广告目标受众分类

根据广告目标受众不同,旅游广告宣传主要分为旅游消费者广告和旅游中间商广告。不同目标受众,其广告宣传媒体选择、内容谋划有很大差异。

营销实践
33

(二)旅游广告宣传的决策过程

旅游广告宣传决策要经过以下步骤:确定旅游广告目标(mission)、安排旅游广告预算(money)、设计旅游广告信息(message)、选择旅游广告媒体(media)、评估旅游广告效果(measurement),也称为广告宣传5M决策。

1.确定旅游广告目标

首先要考虑的因素就是广告想要达到的目标任务是什么。也就是说在一定时期内旅游企业对某些特定受众要完成哪些信息的传播。一般来说,旅游广告目标要依据旅游企业市场营销策略、旅游产品所处的生命周期阶段和目标市场来确定。依据对增加销售和利润的重要程度,旅游广告目标一般有四种:显现、认识、态度和销售。具体来说,显现就是旅游企业想通过广告让旅游消费者知道本企业的存在,当旅游推销人员去拜访的时候,对方的头脑中已先有印象。认识是旅游企业在旅游消费者已看到广告后,想进一步让旅游消费者更具体地认识本企业及其旅游产品。态度在于增进旅游消费者对旅游企业及其产品的喜爱程度,旅游消费者看过广告之后,更倾向于购买本旅游企业的产品。以销售为目标的广告,重点就是宣传现在就买的理由。

2. 制定旅游广告预算

旅游广告预算是指在一定时期内计划投入的广告宣传费用总额。旅游广告预算主要包括市场调查费、广告设计费、广告制作费、广告媒体租金、广告机构办公费及人员工资、广告公司代理费等。旅游广告预算的多少决定了旅游企业广告宣传的规模和类型。常见的广告预算方法主要包括:量入为出法,即根据支付能力决定预算;销售比例法,即根据销售额的一定比例决定预算;竞争对等法,即参照主要竞争对手决定预算;目标任务法,即根据实现特定销售目标需要采取的广告宣传任务决定预算。目标任务法从理论上而言最为科学,但操作复杂且具有诸多不确定性。

3. 设计旅游广告信息

旅游广告信息是旅游广告策划活动中最富有创造力的部分,一般通过旅游广告信息的制作、旅游广告信息的评价与选择、旅游广告信息的最终表达三个步骤来实现。在策划广告信息时要注意所传达的广告信息要体现SIRIT原则,即简洁性(simple)、感染性(impactful)、一致性(relevant)、趣味性(interesting)和真实性(truth)。

4. 选择旅游广告媒体

广告媒体的类型较多,如报纸、期刊、电视、广播、网络、户外、邮寄、LED等,由于不同广告媒体有不同的特点和不同的作用,优缺点又各不相同,在广告活动中应根据实际情况择优而行。一般而言,要综合考虑多种影响因素。

第一,目标受众媒体习性。目标受众的媒体类型偏好,如传统纸质类还是现代电子类;目标受众的媒体性质偏好,如娱乐性媒体、商务性媒体、专业性媒体等;目标受众的媒体选择时段偏好,如早间、晚上等。

第二,旅游产品特点。自然生态类产品多选择能直观传递美感的彩色媒体、动态媒体;娱乐休闲类产品多选择能直接触动心灵的视频类媒体。

第三,媒体因素。如媒体的使用成本、媒体的公信度、媒体的覆盖面等。

5. 评估旅游广告效果

旅游广告效果的测定可以从广告引起的销售效果和广告自身的传播效果两个方面进行评价。

第一,旅游广告销售效果评估。销售效果是把广告费用与销售额的增加进行比较,计算公式如下:广告单位成本效益=旅游广告带来的销售额的增加量/旅游广告费用。单位广告成本效益越高,说明广告费用投入越合理,产生的销售效益也越高。

第二,旅游广告本身传播效果评估。可以采取市场调查、专家评价等形式,主要包括注意度测定、记忆度测定、理解度测定、购买动机形成测定。具体来讲,注意度测定是指对各种媒体广告的读者率、收听率、试听率的测定。记忆度测定是指对旅游广告重点内容的记忆,如旅游企业名称、旅游产品名称等,主要是为了了解旅游消费者对广告印象的深刻程度。理解度测定是指旅游消费者对旅游广告所表达的内容和信息的理解程度的测定。购买动机形成测定是指旅游广告对旅游消费者购买动机的影响程度的测定。

六、智慧旅游促销方式

旅游促销组合主要工具是广告宣传、人员推销、营业推广和公共关系。但随着现代科技,尤其是现代信息技术的发展,这些促销工具与现代技术相融合,就形成了各种智慧旅游促销方式。当今具有代表性的智慧旅游营销方式成为新时代旅游促销新路径,具体有以下几种。

(一)旅游微营销

在自媒体时代,几乎人人都能成为营销者,微博、微信、QQ、钉钉、抖音、小红书等各类社交媒体成为旅游营销新阵地。旅游微营销是通过微信、微博、微视频、微程序、微商城等进行旅游营销,促进旅游产品销售。

一方面,各旅游目的地或旅游企业利用各类社交媒体,开通各类微营销官方平台,主动制作图文并茂的促销软文、奇妙有趣的短视频、引人入胜的微影视,搭建便捷高效的App、小程序商城等进行主动推介,成为"网红打卡点"的风向标。如西安的摔碗酒、重庆的李子坝、土耳其的热气球等,正是通过短视频这种全新形式进行传播。

另一方面,积极引导网络达人、"流量网红"等关键意见领袖(key opinion leader)和广大"驴友"、旅游产品消费者借助各类社交平台发布自己旅游消费经历、旅游体验感受、旅游推荐等,形成庞大的网络口碑营销体系。如福建泉州与抖音官方合作推出"世遗泉州推荐官"话题挑战赛,邀请著名泉籍当代艺术家蔡国强以及泉州市参加东京奥运会、残奥会和陕西全运会、残特奥会获奖运动员代表为泉州发声代言,抖音播放量达到1.8亿次。

营销实践 35

(二)旅游云营销

在大数据和移动互联时代,人人都可能在网络上留下痕迹。旅游云营销是运用云计算、云存储和虚拟化等现代技术,依托云平台、搜索引擎和网络社会媒体,根据旅游产品消费者和旅游产品生产者的特点,将各类促销方式和资源整合成一个具有强大营销能力的智慧营销系统,实现旅游营销精准化、便捷化、数字化和低成本化。

一方面通过对旅游产品消费者的网络痕迹的抓取与分析等方式,建立庞大的旅游产品消费者数据库和旅游产品生产者数据库,然后根据他们的消费习惯、消费能力、消费需求等大数据,把旅游产品生产者的促销信息精准推送给最有可能实现消费的重点人群,实现促销工具多元化拉近旅游产品消费者,增加其访问量和咨询量,提高顾客转化概率。

营销实践 36

另一方面通过系统分析旅游产品生产者的各类营销方式、经营数据等营销大数据,推荐可预估、可衡量、科学精准的营销策略,并可提供云展览、云直播、云演艺、云旅游等现代化促销方式。

(三)旅游网络直复营销

在移动互联和万物互联时代,一部手机知晓天下事,无论多远都可以实现在线联通。旅游网络直复营销是运用5G、物联网等现代通信技术，依托一种或多种广告媒介，进行即时、在线、互动式营销传播，从而产生可衡量的顾客反应或购买行为。旅游网络直复营销的主要方式有官方网站营销和网络直播营销等。一类是旅游目的地整体推广，主要由政府网站主导，如国家及各省市旅游部委网站等；另一类则是综合门户网站，主要提供综合性旅游信息资源，如新浪、网易、腾讯等。网络直播作为互动性、在线即时性极强的促销方式，近年来发展迅猛，形成了"直播＋旅游发布会""直播＋旅游场景分享""直播＋旅游产品体验""直播＋旅游深度解密""直播＋旅游产品销售"等多种形式。

营销实践 37

（四）旅游整合营销

旅游整合营销的理论基础源自美国西北大学教授舒尔茨等人提出的整合营销传播理论(IMC)，是指统一营销策略、集聚营销力量、协调营销手段、提升营销效果，是谋求整个旅游价值链营销效果最大化的一种新的营销理念和营销模式。

旅游整合营销的主要方式多样。有不同营销主体的整合，如跨地区、跨企业、跨行业、跨部门的整合营销。例如，长三角"15＋1"旅游区、泛珠三角"9＋2"旅游区、黄河流域"陆海同游·东西互赏"旅游联盟、东北旅游区以及"陇海兰新＋青藏铁路"沿线旅游城市联席会、西北风情旅游联合会等旅游协作区域与组织，都在通过联合宣传、联合编制旅游线路、价格联盟、编印区域性DM刊物、定期或不定期组织大型旅游节庆活动、建立区域性旅游网站等方式，不断推进区域旅游整合营销的进程。

有不同营销方式的整合，如"线上现代营销＋线下传统营销"的营销整合、"传统媒体＋新媒体"的营销整合等。如今日头条不断地丰富内容形态，为各大品牌提供多元化的内容呈现形式，包括图文、问答、短视频、微头条、直播等；在内容社会化生产上，充分调动平台优质创作者、KOL、明星，深化行业合作，以内容营销带动行业上下游联动。利用头部达人以及创作者的口碑带动作用，与用户消费者深度互动，在制造行业声势的同时，实现"种草"，今日头条旅游重点话题的年阅读量已经突破100亿。新疆维吾尔自治区文化和旅游厅推进"新疆是个好地方"文化和旅游融媒体中心和媒体资源库建设，建立以融媒体"中央厨房"为模板的优质内容生产公共平台，将"新疆是个好地方"全媒体平台切实落地，进一步实现"一支采编队伍同时服务新媒体、广播、电视、报纸等多个平台"的一体化运行机制。

营销实践 38

营销感悟

感人心者，莫先乎情。旅游促销是一种与广大旅游消费者的沟通之术，虽有传统之技与现代之法，方式多样，但首要之道贵在以情动人，激发梦想。当代大学生要少一些投机取巧、心浮气躁，多一些脚踏实地、追梦前行，多为祖国做贡献，多为人生添光彩。

 **实践实训**

1. 请系统梳理一个旅游目的地近三年的旅游促销主要举措,并结合有关旅游发展数据,分析这些促销举措的成效。

2. 请系统梳理酒店、旅行社、旅游景区或旅游城市的旅游形象口号,并分析其特点。

第四篇

营销管控篇
实施顾客价值创造

第九章
旅游市场营销策划

学习目标：了解旅游市场营销策划的概念与类型；熟悉旅游市场营销策划的特征；掌握旅游市场营销策划方案的撰写技巧；理解旅游市场营销策划人员的素养。

重点难点：旅游市场营销策划方案。

素养目标：本章素养目标主要聚焦强化学生"五爱教育"。讲授旅游市场营销策划类型时，引导学生多从维护社会、集体、人民利益的视角谋划各类营销策划；讲授旅游市场营销策划人员的素养时，引导学生心中有大爱，做德才兼备之人。

策划理念又领先行业一个时代的拈花湾二期项目

灵山集团董事长、拈花湾项目的操盘手吴国平先生于2020年5月8日上午在中国旅游投资行业非常大会开幕式上作了专题发言，本案例是节选其部分发言内容。

灵山集团是一家以文化旅游投资为核心业务的国有企业。20多年来，从一棵老树传承文化创造经典，已经无中生有、有中生好、好中生优，打造了灵山胜地拈花湾一系列精品之作，创造了旅游的灵山、文化的灵山。这5年来，中国文旅行业大IP——拈花湾的横空出世，带动了整个文旅行业的产品模式进步。如今，开园五年后，拈花湾的二期项目也开始进入了议事日程，这又让全行业有了新的期待。

《道德经》中"道可道，非常道"，真正的道"大道无行、大道无言"。文旅企业要恢复发展，不仅要靠政策输血，更要企业自身造血积极作为。一次强烈的危机，越有可能带来重大的突破和创新，彼此在艰难困苦时，越要眼中有光、心中有谋，脚下才有路。我个人认为，一种能够改变旅游格局的新经济已经应运而生，正在酝酿而生，这个新经济就是"文旅＋"。原因有三：一是消费升级推动"文旅＋"转变；二是公司改革倒逼向"文旅＋"转变；三是宏观政策助力"文旅"向"文旅＋"转变。

疫情之后路在何方？要拼非常产品。产品是旅游业发展的根基和命脉，是名副其实的护城河。我一直讲,这个时代不缺消费者就缺好产品。如今消费者对好产品的需求会更大。好产品不是光多花钱,关键是符合现在消费者的需求。在新时代下,好产品更要创新、创意、创造,要做"文旅+"。虽然疫情对我们的影响很大,但是我们一直没停下来,现在我们正在做什么呢?首当其冲就是大拈花湾项目。

大拈花湾项目就在拈花湾的对面,我们准备从小拈花湾打一条3.6公里的时光隧道,把这里的人引流到大拈花湾。同时大拈花湾也是一个生态保护、太湖治理的示范工程,也是我们无锡市委市政府提出的新一体化的先导工程。这样一个项目我们到底做什么?我们觉得不能做古镇,我们想到了一个方向,还是要做文化,把文化转换成旅游产品,同时我们要做"文旅+",所以说拈花湾就是"文旅+大健康"。

如何做"文旅+大健康"?我们还得有拈花湾心灵度假目的地的概念。小拈花湾因为场景和地域关系,延伸不开。现在大拈花湾,我们还是以新文化拓其新度假,以新产业拓其新健康。归为8个字就是"心灵疗愈、生命保养"。将"心灵疗愈、生命保养"理念全面融入"食、住、行、游、购、娱、养、商、学、闲、情、奇"的度假12要素中,打造疗愈与度假完美融合。我感觉这个产品是会遇到很多的困难,但是出来以后就是中国独一无二的。

大家都知道,全中国都在打造古镇,大家都在打造目的地。过去是酒店不够,现在我认为酒店马上要过剩。但是,如何做出不同的市场需求产品,这是我们要面对的问题。所以,今后在大拈花湾我们希望打造一个心灵疗愈、生命保养的旅游目的地。我们是从"灵山见佛"到"拈花湾见禅",再到"大拈花湾见我"这样一个思路、理念,来做这个项目。这个项目形成了八大体系,即自在行、自在游、自在商、自在物、自在养、自在梦、自在闲、自在居。

四大爆款文旅产品,我们基本上已经策划好了,下面已经开始在做规划论证:全球最震撼人心的水路沉浸式心灵隧道、世界首个超大型室内心灵疗愈主题乐园、360°穿透心灵世界超级大秀、世界首创第一人称心灵漫游行进式云水长街。

这些项目都是灵山的自我超越,我们感觉到如果不超越自我,不超越同行,做出来的项目可能就没有市场。除了四大爆款文旅产品,还有八大健康服务产品中心:第一,生命保养中心;第二,睡眠中心;第三,国际抗衰中心;第四,精神减压中心;第五,银发颐养中心;第六,少儿乐湖中心;第七,国医养生中心;第八,康养度假中心。

全中国现在有很多睡不好觉的人、焦虑的人。希望焦虑的同志到大拈花湾来,住上一个礼拜,好好睡觉。我们卖的不光是度假产品,还是疗愈产品,当然这个产品要做出来是不容易的。这是我们大拈花湾八大健康服务中心的内容。

还有一个智慧健康管理超级平台,是我们现在正在联合一些国内顶级的平台公司做的大健康的一个大平台。

如果不跟新经济拥抱,不跟互联网融合,我们的旅游业也没希望。

(资料来源:https://www.sohu.com/a/417617303_120067598,有改编)

思考:拈花湾二期项目的策划理念是什么,对旅游市场营销策划有何启示?

营销是企业的生命,策划是营销的灵魂。营销策划不同于战略规划、也不同于营销计划。营销计划更多的是让营销中规中矩,战略规划或策略设计若没有策划思维则会缺少新意。旅游市场营销策划不是市场营销中一个单独过程或环节,而是贯穿于整个营销活动过程中。强调对整个营销过程与行为进行策划,更好凸显市场营销的科学性与艺术性。

一、旅游市场营销策划概述

(一)旅游市场营销策划的概念

策划就是化普通、平常、平凡为独特、新奇、卓越的智慧创造过程。旅游市场营销策划目的是使旅游营销活动更为独特、新奇,营销效果更为卓越。结合旅游市场营销主要任务,本书认为旅游市场营销策划就是旅游目的地或旅游企业发现市场、开发市场、满足市场的行为更加科学和艺术的智慧创造过程。

这一概念强调两个尺度。

一是让旅游营销行为更具科学性。无论是市场调研、环境分析,还是战略制定或策略谋划,都需要讲规律,不是仅凭习惯、经验或常规进行各类营销行为;要讲方法,善于运用严谨的营销逻辑和科学的工具方法在市场营销规则中找窍门;要讲原则,既要大胆创新创意,更要严守市场营销伦理道德与国家政策法规,心中始终有底线、讲原则。

二是让旅游营销行为更具艺术性。虽然条条大路通罗马,但并非所有道路的舒适性、便捷性都一样。为了更好地创造顾客价值,提升顾客惊喜度,无论是营销高管,还是一般销售代表或工作人员,都要注重新颖,在开展市场营销工作过程中敢于另辟蹊径,敢于探索更为新奇,甚至是扣人心弦的营销方式。

(二)旅游市场营销策划的类型

旅游市场营销策划包括对整个市场营销过程与行为活动的策划,因此类型多样。通常可以按照以下几类标准进行划分。

1. 按照营销策划对象分类

围绕营销主要行为,如市场调研、市场定位、4P策略等,旅游市场营销策划可以分为旅游市场研究策划、旅游定位策划、旅游广告策划、旅游公关策划、旅游产品策划、旅游形象策划、旅游营销推广活动策划等。

2. 按照营销策划目标分类

围绕营销主要目标,如销售产品、形象塑造、市场开拓、传播推广等,旅游市场营销策划可以分为销售主导型营销策划、传播主导型营销策划、形象塑造型营销策划、综合型营销策划。

3. 按照营销策划时间分类

围绕营销活动涉及时间范围,旅游市场营销策划可以分为战略型营销策划、年度营销策划、节假日营销策划、机动型营销策划等。

(三)旅游市场营销策划的特点

1. 强调系统

旅游市场营销策划是一项系统工程,需要对营销全过程、全环节进行整体谋划和团队思想碰撞。同时需要对营销细节进行推敲,做到无缝衔接和相关方案的有效跟进。策划要严格论证,没有冲动行为;策划要环环相扣,没有掉链行为。

2. 强调创新

战略大师迈克尔·波特指出:企业必须选择一套与众不同的策略,才有长久的竞争力。创新是营销策划的根本要求,旅游市场营销策划就是促使常规市场营销换一种思路、换一种策略、换一种打法,从而提升竞争力。

3. 强调整合

整合是营销策划的活力源泉,旅游市场营销策划就是要做好各种优势资源的集中与互补,促进各种市场要素协调配置与有机重组,在整合中形成营销合力。

4. 强调文化

营销策划要善于挖掘文化内涵,文化是营销策划的灵魂。没有文化就难以确保营销策划品位,难以提升营销策划价值。旅游市场营销策划要全方位融入文化卖点,让旅游消费者全方位感知文化、体验文化并享受文化。

5. 强调效益

旅游市场营销策划就是促使常规市场营销更关注顾客价值的策划,更注重依靠高质量的顾客满意带来可持续的经济效益、社会效益和生态效益等。

二、旅游市场营销策划方案

(一)旅游市场营销策划方案的概念

旅游市场营销策划方案即策划书,是正确表达旅游市场营销策划内容的载体。旅游市场营销策划方案从框架体系或主体内容来看与旅游市场营销计划书是一致的,但旅游市场营销计划书一般计划性强、策划性弱。旅游市场营销策划方案既可以由旅游目的地或旅游企业相关部门自己编制,也可以由专业的外部机构编制。一般而言,自己编制的旅游市场营销策划方案在框架体系方面相对简单一些,在呈现形式方面也会简略一些,但都是一种与领导层沟通的书面工具。

(二)旅游市场营销策划方案的撰写思路

营销创意再好,如果策划书撰写得不好,就会影响与领导层的沟通质量,很有可能得不到采纳。不管由谁撰写的旅游市场营销策划书都需要获得领导层的认可,才有可能被采纳执行。因此好的营销创意也需要引人入胜的表达方式。旅游市场营销策划方案的撰写是一个包含入局、观局、破局、造局、布局、结局的系统过程。

入局就是如何抛出问题,激发兴趣;观局就是如何阐述背景资料,分析营销环境;破局就是如何总结痛点与机遇,寻找策划突破点;造局就是如何谋划主题,形成核心创

理论拓展 7

意和关键目标;布局就是如何整体构造策略措施,做好全面布控;结局就是如何补充细节,阐述过程说明,增强可信度。

(三)旅游市场营销策划方案的基本结构

为了更好地呈现营销策划者的主要创意及其创意论证,同时便于领导层阅读以及沟通,旅游市场营销策划书可以突破传统营销计划书的死板形式,在内容与形式方面相对灵活多样。一般而言,旅游市场营销策划方案主要包括八个部分(表9-1)。

表9-1　旅游市场营销策划方案基本结构

部分	内容	撰写说明
1.策划导入	封面	策划书的"脸面",应充满魅力
	前言	表明本次策划动机及策划者的态度
	目录	突出亮点,便于针对性阅读
2.策划概要	策划概要	概述营销策划的核心创意与主要亮点
3.策划背景	环境分析	说明策划的背景及面临的营销环境
4、策划定位	目标定位	确定营销策划目标及战略思路
5.策划创意	主题与内容	明确策划主体创意及其活动内容
	活动流程	详细设计活动内容
	现场布置	说明场地布置详细方案
	推广方案	制定详细的促销方案
6.策划布控	活动预算	所需物资、设备、费用、赞助方式
	操作指南	操作时间进度、要点与细节
	任务分配	明确策划实施组织机构及人员分工
	意外补救	预测意外情况及其补救措施
7.策划效果	效果预测	预测策划可能获得的效果
8.策划附录	参考资料	附加与策划相关的资料,增加策划的可信度

策划书的封面可提供以下信息:策划书的名称、被策划的单位名称、策划机构或策划人的名称、策划完成日期及本策划适用时间段、策划书编号等。如果是自己编制的则更为简单。

封面引人注目,前言使人开始感兴趣。

前言是策划书正式内容前的情况说明部分,内容应简明扼要,不要超过500字。其内容主要包括:接受委托的情况,如A公司接受B公司的委托,就××年度的广告宣传计划进行具体策划；本次策划的重要性与必要性；策划历程，即策划者的态度、策划过程及达到的目的。目录务必让人读后了解策划的全貌。目录具有与标题相同的作用，同时也应标注页码，使阅读者能方便地查询营销策划书的内容。

阅读者应能够通过策划概要大致了解策划核心创意和突出亮点。概要的撰写同样要求简明扼要，篇幅一般控制在一页纸内。另外，策划概要不是简单地把策划内容予以列举，而是要单独成文，因此，其遣词造句等都要仔细斟酌，要起到"一滴水见大海"的效果。

环境分析主要包括背景简介与营销环境分析。一方面介绍策划基本情况、主要执行对象、活动开展原因、社会影响以及相关目的动机，也就是解释为什么要做此次策划。另一方面，系统分析营销环境，为本次策划找到突破点。

目标定位部分主要是针对营销中问题点和机会点的分析，提出营销目标及战略思路。

主题与内容主要是凝练本次营销策划主题口号，并将制定的产品方案、价格方案、分销方案和促销方案等主要活动创意加以详细解释和说明。活动流程是表达主要活动创意的细节设计与详细安排。现场布置是说明主要活动创意所需要的场地布置详细方案。推广方案是本次营销策划涉及的促销谋划，如媒体选择与投放计划、宣传口号等。

活动预算包括营销过程中的总费用、阶段费用、项目费用、赞助方式等，其原则是以较少投入获得最优效果；常用列表法标出营销费用。操作指南包括操作时间进度、人员配置、操作要点与细节，最好能拟定任务表。任务分配要明确策划实施组织机构及人员分工，人员的组织配置、相应权责及时间地点也应在这部分加以说明。由于内外环境的变化不可避免地会给方案的执行带来一些不确定性因素。因此，当环境变化时遭受损失的概率、损失的程度，以及应急措施等也应在意外补救部分加以说明。

效果预测是预估在理想状态下、一般状态下和悲观状态下，本次策划在产品销售、品牌推广、形象塑造等方面可能带来的成效。

策划附录的作用在于提供策划客观性的证明。因此，凡是有助于阅读者对策划内容理解、信任的资料都可以考虑列入附录，例如参考文献、计算过程、调研图像等。

（四）旅游市场营销策划方案的撰写技巧

撰写旅游市场营销策划书既需要很好的创意，又离不开很好的文字功底，同时还需要掌握一些撰写技巧。撰写技巧的灵活使用可以提升策划书的逻辑性、条理性、专业性，也可以增强阅读感和可信度。

1.要有理论依据

营销策划离不开理论武器，只有吃透理论，才能高屋建瓴、把握潮流。无论是环境分析，还是策划创意，巧妙寻找一定的理论依据，容易增强营销策划的可信度和说服力，而且可以使整个策划内容具有内在一致性和主题聚焦性。

2.多用数字说明问题

策划方案如果缺乏数字，即使文字再优美流畅，也会显得苍白无力。环境分析与活动预算部分，运用精准的数字对比与分析既能凸显营销策划人员的科学调研和专业技能，又能彰显营销策划人员的严谨和自信，从而使策划方案显得更为可信。

3. 尽量图文并茂

恰到好处地使用图表可以提升策划书的页面美观性，而且可以更为直观地表达文字难以描述的信息。例如在产品策划或促销活动、场景布置方面，用合适的彩图会比文字更有吸引力。

4. 合理排版布局

无论是作为汇报交流的PPT版，还是作为呈送传阅的Word版，排版布局会直接影响策划方案的视觉效果。旅游目的地或旅游企业Logo的合理融入、精美的排版等看似无关紧要，但往往会无形中影响阅读者信息接收的有效性。

5. 避免细节错误

细节错误往往也是策划硬伤，会反映策划人员不良的工作态度和专业精神情况。如果出现一连串的错别字、标点符号误用、专业术语错用等可能会导致策划方案被直接否定。

三、旅游市场营销策划人员的素养

文案撰写和创意策划是旅游市场营销策划人员的核心任务。要成为一名优秀的营销策划人员，除了要掌握专门的营销理论知识，还需要修炼做好文案撰写和创意策划等旅游市场营销策划工作的关键素养。

（一）阅历丰富

阅历就是旅游市场营销策划人员的所见所闻与亲身经历，是产生策划灵感的基础，设计策划活动的素材，存取策划思路的数据库，预测策划得失的参照物。阅历越丰富，则基础越坚实，素材越多样，数据库越充盈，参照物越准确。

（二）知识渊博

营销创意的来源不能仅局限于过往的经验、某一单方面的知识，而应来自多学科、多领域、多场景。旅游市场营销策划人员要行万里路，也要读万卷书，阅历越丰富、知识面越广，眼界就越远，境界就越高，头脑也会越睿智。

（三）思维独特

独特的思维是旅游市场营销策划人员的看家本领。营销创意的独特离不开策划者独特的思维方式。思维多种多样，其中超常思维、系统思维和科学思维，是策划人员形成独特思维的三把金钥匙。营销策划的科学性和可操作性需要策划人员的系统思维和科学思维，营销策划的艺术性和创新性则离不开策划人员的超常思维。

（四）眼光敏锐

敏锐的眼光就是旅游市场营销策划人员的市场敏锐性和市场洞察力强。策划人员对于新出现的事物、新涌现的技术、新出台的政策等特别敏感，反应迅速，能第一时间运用于营销策划之中。

（五）心中有爱

旅游市场营销策划人员内心是阳光的,是坚定的,是爱党、爱国、爱社会、爱集体、爱人民的有爱之人。营销策划人员心态是积极的,是具有社会良知和良好职业操守的有德之人;情感是丰富的,是善于感受生命、生活、生态之美的有趣之人。爱美之情极切,审美之趣至雅,造美之心超强,才能形成强烈的创意冲动,创作出极具感染力的好策划。

欲粟者务时,欲治者因势。旅游市场营销策划富有挑战性,但国强民富、国泰民安的中国环境就是最大的营销机会,策划者要善于从博大精深的中华文化中发掘智慧,从团结合作中获取力量,从满足美好生活需求中寻找灵感,让阻力促其强大,动力助其前行。广大同学应读万卷书、行万里路,让开启幸福的钥匙掌握在自己手中。

实践实训

请结合本书附录,尝试为某旅游景区做一个节假日营销策划方案。

第十章 旅游市场营销管理

教学导引

学习目标：熟悉旅游市场营销管理过程；了解旅游市场营销计划的含义与类型；掌握旅游市场营销计划的制订和实施过程；了解旅游市场营销组织形式的演变；熟悉现代旅游市场营销部门的组织形式。

重点难点：旅游市场营销计划、旅游市场营销组织。

素养目标：本章素养目标主要聚焦"两个维护"教育。讲授旅游市场营销计划实施时，在分析核心人物、核心团队重要性过程中融入"两个维护"教育；讲授旅游市场营销组织时，通过列举系列中国各地旅游组织创新举措，使学生树立科学发展观和增强创新意识，讨论旅游业如何助力建设人类命运共同体，引导学生坚定"两个维护"。

案例导入

栾川县2017年旅游市场营销工作计划

2017年要紧紧围绕"奇境栾川，自然不同"品牌定位，深入挖掘品牌体系内涵，做好精准投放，策划大事件营销，贯穿全年宣传活动，努力在全国叫响奇境栾川品牌。

2—3月：与×合作，通过对2016年栾川旅游营销大数据分析，制订2017年栾川旅游营销总体投放计划，深入分析市场，做到精准投放。与××合作，对栾川县旅游产品进行分析和包装策划，丰富"奇境栾川"品牌体系内涵。

4—5月：在全国主要客源市场策划一场有创意的推介活动，启动栾川春季旅游市场；在央视、郑州地铁、高铁等媒体和交通工具上进行一系列广告投放，加强品牌形象宣传。

6—7月：与×××合作，策划一场大事件营销活动，启动奇境栾川避暑季系列活动。

8月：以政府为主导，各景区配合，积极策划创意营销活动，引爆暑期栾川旅游市场。

9—10月：启动奇境栾川多彩季活动，策划营销活动，预热"十一"小长假市场。

11—12月：策划"老家河南，栾川过年"系列主题活动，联合各景区推出冬季主题线路,策划年俗活动,营造氛围,做好冬季宣传。

（资料来源：根据原栾川县旅游工作委员会提供资料改编）

思考：旅游市场营销计划的核心内容是什么？如何编制高质量的旅游市场营销计划？

旅游市场营销活动涉及范围广,既有内部因素,又有外部因素;涉及内容多,既有战略规划,又有策略谋划;涉及主体多,既有内部人员,又有外部人员。这就要求旅游市场营销活动需要强化全过程管理,从而确保为游客创造顾客价值和顾客满意的营销活动得以更好实施。

一、旅游市场营销管理过程

旅游市场营销管理过程包括五个步骤：明确旅游市场营销目标,分析旅游市场营销机会、制定旅游市场营销战略、谋划旅游市场营销方案、管理旅游市场营销计划。

（一）明确旅游市场营销目标

明确目标是任何营销活动都需要的。大到中远期营销战略,小到年度营销计划,甚至某一项具体营销行为,如做一次广告宣传或谋划一次营业推广活动,都需要明确其营销目标。

旅游市场营销目标类型是多样的,需要根据具体营销环境分析确定不同目标。有时候营销目标可能是提高市场知名度或市场影响力,有时候可能是巩固或提高市场占有率,有时候可能是巩固或提高市场美誉度,有时候是为了提高市场竞争力,而有时候是为了化解公共危机或网络舆情等。

（二）分析旅游市场营销机会

营销目标的确定离不开市场营销环境分析,营销目标的实现也需要市场营销机会的全面分析。因此,这两项营销管理过程没有很严格的先后顺序。旅游市场营销机会分析是旅游市场营销的基本任务,其主要目的是让旅游营销战略规划或策略方案符合客观实情,具有现实依据。旅游市场营销机会分析一般重点分析如下内容。

1. 对客观大环境的分析

对客观大环境的分析是对旅游目的地或企业所处的各层次宏观环境带来的机会与威胁,以及整个旅游行业发展趋势的综合分析,分析目的是捕捉机会、预防威胁、预测趋势、减少战略误判和策略失误。例如洛阳龙门石窟景区制定年度营销方案,就需要对国家、省、市这三个层面的宏观环境进行分析,甚至因其目标市场包括广大国际游客,而需要对国际宏观环境进行有针对性的分析,另外也需要对旅游行业发展新阶段、新特点、新需求进行分析。

2. 对区域小环境的分析

对区域小环境的分析是对旅游目的地或企业所在城市或社区的区域形象、人口特征、基础设施、游客吸引物、大事件等或宏观或微观因素的分析,其目的是找到可以利用的营销机会,优化目标市场定位。例如洛阳市五星级酒店钼都利豪国际饭店制定年度营销方案,就需要利用其位于洛阳这一政治中心、商业中心的区域形象优势,紧抓政务接待和重大商贸活动机会;利用其位于地铁口和核心商贸圈基础设施优势,拓宽高端自助餐和商务休闲市场,利用紧邻龙门石窟、关林等主要景区,拓展高端游客住宿市场,利用洛阳"两节一会一论坛"等重大事件,做好政府重要接待、会议等活动。

3.对客源市场的分析

对客源市场的分析是对旅游目的地或企业的主要客源市场的类型与特征、购买行为、购买心理、购买方式、需求特征和综合感知等微观因素的分析,其目的在于强化内部营销、改善客源结构、开发新产品。

4.对企业自身和主要竞争者的分析

对企业自身和主要竞争者的分析是对所旅游目的地或企业所拥有的各种资源和能力、营销行为与市场地位等进行的优势、劣势对比分析。其目的在于找到切入市场、参与市场竞争、树立市场地位的策略。

(三)制定旅游市场营销战略

旅游市场营销环境的系统分析为营销战略制定奠定了基础。在营销环境系统诊断基础上,旅游目的地或企业通常需要制定以下三类市场营销战略。

一是目标市场定位战略,要确定目标市场并做好市场定位。

二是市场竞争战略,要判断所处市场地位并确定如何参与或应对市场竞争。

三是市场增长战略,要选择市场增长路径并处理好相应的做大、做强、做优方式。甚至当客源市场或竞争范围涉及国际市场时,还需要制定国际市场营销战略。

营销战略制定是对营销资源配置、营销组合方式运用、营销费用预算的统筹规划。旅游目的地或企业要自觉运用现代技术,如营销信息系统(MIS)、大数据、云营销平台等,让营销战略制定更智慧化、科学化。

(四)谋划旅游市场营销方案

营销战略相对而言较为宏观,其实施还需要更为具体的营销策略的整体谋划方案。这既涉及营销主题的谋划,也涉及产品、价格、渠道和促销四大策略的具体谋划,例如主打旅游产品、主要旅游活动、特殊价格政策、主要销售渠道、重点促销方式等的整体谋划。这些通常是旅游市场营销策划方案的核心内容。

(五)管理旅游市场营销计划

营销活动的顺利进行,尤其是营销方案的顺利落地和有序推进,需要制定并推进旅游市场营销计划有组织地进行。这包括营销计划的优化与实施、营销组织的构建与优化、营销队伍的管理等。

二、旅游市场营销计划的管理

(一)旅游市场营销计划的含义

旅游市场营销计划是对旅游目的地或者旅游企业营销活动方案的具体描述,即通过对所处营销环境的分析,确定今后一段时间内的营销目标、营销战略和具体的行动方案的过程。反映这些既定目标、战略计划和具体行动方案的书面文件,便是该目的地或旅游企业的市场营销计划书。旅游市场营销计划是旅游营销活动的行动依据和操作指南,是旅游组织的重要计划之一,其他各类计划都涉及营销计划的内容。

旅游市场营销计划不等同于旅游市场营销策划,前者更多属于一种营销日常管理方式,中规中矩。后者虽然在主要内容方面与前者类似,但一般更具创新性,属于对专项或特定营销行为的一种谋划。

(二)旅游市场营销计划的类型

1.按照营销计划对象分类

(1)旅游产品营销计划:针对旅游产品的开发与市场推广计划,包括某个旅游产品、某类旅游产品线、整体旅游产品、新产品等营销计划。例如,旅行社关于某红色旅游产品的营销计划,某旅游城市关于研学旅行品牌塑造的营销计划,旅游度假区关于某沉浸式旅游产品的营销计划,酒店关于养生餐项目的营销计划。

(2)旅游市场开拓计划:面向特定细分市场、顾客群或面向不同国家、地区的旅游市场开拓计划。例如,某旅游度假区关于教师游客的推广计划,某旅游城市面向珠三角客源市场的营销计划。

(3)旅游整体营销计划:在总体战略计划的指导下,对各业务发展以及各市场、各产品的开发与推广进行通盘考虑的营销计划。例如,某旅游景区制订的年度营销计划。

(4)旅游促销营销计划:针对某类旅游促销方式、整体促销组合的营销计划。例如,某景区针对节假日的旅游促销计划、某旅游目的地针对高铁广告宣传的营销计划。

(5)旅游渠道优化计划:针对某类旅游中间商、直销渠道或整体销售渠道的优化计划。例如,某酒店集团关于直销渠道的优化计划。

(6)旅游价格优化计划:针对某类客户价格政策、某类产品价格、特定活动价格体系或整体价格体系的优化计划。例如,某酒店集团对OTA代销客房的价格政策优化计划。

2.按照执行时间分类

(1)长期战略性营销计划:一种长远性的规划,通常为3~5年或更为长久的时间。这种计划同旅游企业总体经营规划或某个旅游目的旅游总体发展规划相对应,它需要回答以下三个基本问题:本阶段营销现状如何?今后某一较长时期内要达到什么样的营销目标或地位?如何实现既定营销目标或地位?

对于旅游企业而言,战略性营销计划是企业总体经营规划中的重要组成部分。这主要是因为市场营销计划在很大程度上决定着企业未来的经营收入和投资回报。旅游企业总体经营规划中要想实现长远的盈利,则取决于能否争取到足够数量的顾客来购买产品。战略层次上的营销计划着眼于长远性的营销决策,它所反映的是未来的发展蓝图。从这个意义上来说,战略性营销计划具有前瞻性和主动性的特点。同时,也是针对市场供求发展趋势所作出的一种策略性计划。

(2)短期战术性营销计划:计划的时间跨度为1年以内的计划,是解决未来短期内市场营销工作的决策方式,也称为营销行动计划。市场营销工作的大量实践活动往往都是在短期内发生的,属于战术性范围。一个旅游目的地或旅游企业应放眼长远战略性营销计划,并立足近期内限制性因素,制订灵活多样的战术性营销计划。

(三)旅游市场营销计划的内容

一份完整的营销计划主要是用来回答旅游市场营销三个基本问题:我们现在在哪里(对营销现状进行分析)?我们想到哪里去(形成组织的营销目标)?我们怎样到那里(制定营销战略和营销组合)?具体而言,营销计划一般包括以下几个方面的内容。

1.营销任务

制订旅游市场营销计划的第一步是规定旅游市场营销的任务,这决定了旅游目的或旅游企业的未来发展方向。对旅游企业而言,规定营销任务主要解决这几个问题:企业是干什么的?企业的发展愿景是什么?企业的主要目标市场是谁?主要目标市场预想的顾客价值是什么?

2.环境分析

制订旅游市场营销计划的第二步是旅游市场营销环境分析,具体包括以下几个方面的内容。

(1)现状分析:对旅游目的地或旅游企业营销计划面临的背景与现状进行分析,包括现有总收入、市场占有率、客源结构、成本、利润、销售渠道等背景情况。

(2)宏观环境分析:主要分析人口因素、经济因素、自然因素、科技因素、政治因素、交通因素和文化因素可能带来机会或威胁。

(3)旅游消费者分析:主要对消费者的需求特征与市场规模进行预测。

(4)竞争对手分析:分析有哪些竞争对手,在哪些方面进行竞争,以及竞争对手有哪些长处与短处等。

(5)企业优势和劣势分析:主要分析包括位置、设施、产品、服务、渠道、形象、品牌声誉、财务结构、创新能力和人力资源等方面的优势或劣势。

(6)营销预测:在设想客观环境没有发生大变化的情况下预测市场规模和构成、销售总额、销售成本等。

3.营销目标

制订旅游市场营销计划的第三步是确定营销目标。营销目标是旅游目的地或旅游企业在一定时间内确定的要实现的关键营销指标或应完成任务清单。营销目标应比较具体,具有可操作性和激励性。一般要确定以下三类目标。

(1)财务目标:主要包括销售额、销售毛利率和投资回报率、收支平衡等指标。

(2)顾客目标:顾客对旅游目的地或旅游企业的生存与发展至关重要。基于所处的行业、战略方向、企业使命和资源,营销人员必须设定目标以获得新顾客、留住老顾客,提升顾客满意度和忠诚度。顾客目标主要包括开发客户、维持客户、旅游形象、顾客满意度、顾客忠诚度等指标。

(3)市场目标:财务目标必须转化为市场目标,因为只有通过一定的市场目标才能最终实现财务目标。主要包括销售量、市场占有率、产品开发、订单完成率、顾客的购买行为等指标。

4. 市场营销方案

制订市场营销计划的第四步是制定具体的市场营销方案,这是市场营销计划的核心内容。市场营销方案的内容主要包括目标市场选择、营销主题定位、市场营销组合策略。不同类型的营销计划要解决的问题各有差异,因此所面向的目标市场也会有所区别,相应的营销主题和营销组合策略也不能千篇一律。

5. 实施方案

旅游市场营销计划主题内容确定后,还必须规定详细的实施方案,即操作纲要与行动指南,具体内容包括要做什么、由谁负责、由谁配合、什么时候做、什么时候完成、成本费用多少等。

6. 营销预算

市场营销预算基本上是计划中的盈亏说明。在收入方,它表明计划可实现的收入;在支出方,它表明贯彻执行计划所需要的支出。市场营销预算一旦被批准后,就成了执行计划的指导原则。管理者应该进行营销费用预算,以保证获得营销活动所需的资金支持。

企业的营销费用是指企业为了实现经营目标,用于市场营销工作的费用。营销费用预算基本上可以分为市场费用预算和行政后勤费用预算两大类。市场费用是为了取得销售所产生的费用,比如广告费用、推销费用、推广费用、市场研究费用等,而行政后勤费用主要是指订单处理费用、运输费用、仓储费用、顾客投诉处理费用、后勤人员薪酬等。这些行政后勤费用因为主要是与市场营销有关,因此也被列入营销费用。

7. 营销反馈与控制

市场营销计划的最后一个步骤是跟踪计划的进展过程。这是完成和提供继续执行计划的依据。营销反馈和控制主要包括销售量和收入分析、市场份额分析、市场营销费用分析、顾客满意度与态度分析、营销执行过程分析等。营销反馈和控制用来判断营销目标是否已经达到,便于及时作出相应调整,同时为制订未来的营销计划确定指导原则。

(四)旅游市场营销计划的实施

一个优秀的营销计划只有得到有效的实施,才能收到预期的效果;再好的营销计划,如果没有实施,就不可能成功。营销计划实施是将营销计划转化为具体行动和任务的过程,并保证这种任务的完成,以实现市场营销计划所制定的目标。旅游市场营销计划成功地贯彻实施一般要经过以下几个过程。

1. 制定详细的行动方案

为有效地实施营销计划,必须根据部门、岗位、人员制定详细的行动方案。并通过会议、文件等方式确保将营销目标、计划实施的关键性决策和任务落实到个人或小组。

2. 建立高效的营销组织机构

任何一个计划若想完全达到目的，都要通过组织这个载体来实现，因此建立和强化市场营销组织机构对推动旅游市场营销活动的开展起着决定性作用。要充分发挥核心灵魂人物与广大员工作用、正式组织与非正式组织作用，提高员工对营销计划的认识和理解，促进和保证旅游市场营销计划的顺利实施。

3. 设计科学的决策和激励机制

设计有利于市场营销计划贯彻执行的决策流程、激励制度，便于充分调动员工实现短期和长期营销目标的积极性，使员工充满活力和斗志。

4. 开发高质量人力资源

营销计划的实施在不同程度上涉及所有员工。因此，旅游企业应该充分做好人员选拔、培训、安置等工作，充分调动员工的积极性，努力开发高质量人力资源，实现人尽其才。

5. 建设鲜明的旅游企业文化

企业文化已经成为企业的重要战略资源，是市场竞争中的重要竞争手段，它对企业经营思想和领导风格、员工的工作态度和作风等方面起着决定性的作用。通过企业文化建设，能逐渐形成共同的价值标准和基本信念，保证旅游市场营销计划在相应的企业文化和管理风格的氛围中得到强大的无形力量支持。

三、旅游市场营销组织

（一）旅游市场营销组织的含义

旅游市场营销活动是通过一定的组织机构来进行的。旅游市场营销组织就是为了推进旅游市场营销顺利开展而搭建的管理机构。旅游市场营销组织的概念具有双重含义。

首先，就基本含义而言，旅游市场营销活动是指一个旅游企业或旅游目的地为了实现组织目标，实施营销计划，面向市场全面负责执行和管理其营销工作的组织机构。例如，旅游企业设立的营销部、市场推广部、公关部等。不同旅游企业，市场营销组织差异较大。

其次，就其旅游市场营销组织的引申含义而言，是指旅游市场营销工作的组织方式或安排方式。有些小型旅游企业的部门编制中可能没有设置专门的营销机构，但这并不意味着这些旅游企业的经营中不存在营销活动，更不是说这些小型旅游企业没有必要开展营销工作。在当今旅游业竞争激烈的市场环境中，这些小型旅游企业与大型旅游企业一样，都要重视营销工作，只不过由于其经营产品较为单一，目标市场比较狭小，营销工作是由其他部门完成罢了。但在面向多个目标市场，经营多种旅游产品的大中型企业中，组织安排营销任务和开展营销工作所需处理的问题很多，需要设立专门的营销机构。

(二)旅游市场营销组织的演变过程

1. 简单的推销部门

在这一阶段,旅游营销有关活动,如企业的目标计划、产品开发、价格制定等主要由生产部门和财务部门确定。推销部门的职能仅仅是销售产品,对旅游产品的种类、档次、价格等问题几乎没有发言权。甚至在有的旅游企业中,推销部门都不是一个独立的部门,而是从属于其他部门的职能小组。

2. 具有附属职能的推销部门

随着旅游市场竞争日趋激烈以及市场营销观念的发展演变,旅游企业为实现营销目标必须进行经常性的市场调查、广告宣传、顾客关系维护以及其他促销活动。因此在这一阶段,推销部门负责人除了继续管理推销员之外,针对逐渐演化出的多种营销职能,还要设置营销主管去计划、指挥、控制。

3. 独立的营销部门

随着旅游企业规模和经营范围的进一步扩大,其他市场营销职能的作用显得越来越重要,市场营销部门独立存在的必要性日益体现出来,推销部门和市场营销成为平行的职能部门。

4. 现代市场营销部门

由于推销部门和市场营销部门平行、并列,而且推销部门注重短期目标,市场营销部门关心长期目标,两职能部门间就容易产生矛盾和冲突。但实质上这两个部门又是旅游市场营销活动互为补充的组成部分。随着市场营销观念的进一步发展,推销部门和市场营销部门合二为一,最终形成了现代市场营销部门。

5. 现代营销企业

随着大型旅游集团的不断发展,为了更好地协调子公司的市场营销工作,更好地塑造集团品牌,公司集团的市场营销部门独立成为集团下属的现代营销企业,负责集团的市场营销工作并指导集团下属子公司的市场营销工作。

热点讨论 11

(三)现代旅游市场营销部门的组织形式

1. 职能型组织形式

职能型组织形式是最常见的旅游市场营销组织形式,即按不同的旅游市场营销活动功能建立相应的职能部门。这种组织形式在营销总监的统一领导下,根据需要设立营销经理、销售经理、公关经理、广告与促销经理等。一般中小型旅游企业通常使用这种组织形式。

各职能部门职责清晰,既能发挥专业人才才能,又便于集中管理、统一指挥。但随着旅游企业产品品种的增多和市场范围的扩大,产品或市场无专人负责,且每个职能部门都强调自己部门的重要性,竞争有限的资源与预算,这极不利于旅游企业内部的协调,进而这种组织形式就会失去应有的效果。

2. 地区型组织形式

旅游企业的市场营销范围通常是跨地区的,因此旅游企业常以地理区域安排自己的市场营销组织。这种组织形式在营销总监的统一领导下,按照地理区域设立相应销售经理,并从较大区域依次到较小区域设置销售主管等,按一定的管理幅度增加销售人员,形成一个严密的销售网络。例如一些大型酒店集团设立大区经理、区域经理等。

这种组织形式适合大型集团,便于集团总部强化对各区域的营销管控。如果企业的销售范围较大,销售任务复杂,各区域对企业的营销目标就会影响极大,这种营销组织形式的优越性就越明显。

3. 产品管理型组织形式

经营多种产品或多个品牌的旅游企业,往往按产品或品牌建立市场营销组织,即由营销总监统一领导,协调各职能部门的活动,通常由一名产品主管经理管理、监督若干个产品大类经理,产品大类经理又管理、监督各具体产品的经理。例如,某旅行社按照主要经营的旅游产品,设立观光旅游产品经理、研学旅行产品经理、乡村休闲度假旅游产品经理等。观光旅游产品经理下面又设立远程观光旅游产品经理、近程观光旅游产品经理、周边观光旅游产品经理。

这种组织形式由于有专人负责所有产品的营销管理,便于及时反映产品在市场营销中可能出现的问题,并促进产品的销售。但缺点是容易存在客户管理的交叉混乱。

4. 市场管理型组织形式

旅游企业还可以按照客源市场的不同,建立旅游产品市场营销管理组织。这种组织形式与产品管理型组织形式类似,只是由面对不同类型的产品改为面对不同类型的市场。例如,某酒店设立旅行社客户经理、OTA客户经理、散客经理等。这种组织形式的突出优点表现为旅游企业克服了产品或地区彼此分裂的弊端,可围绕特定旅游消费者的需要开展一体化的营销活动,可较为充分地体现"以消费者为中心"的营销观念。

> **营销感悟**
>
> 舵稳当奋楫,风劲好扬帆。随着旅游强国建设的不断推进,中国旅游市场营销管理水平也在与时俱进,经典旅游营销案例不断涌现。但不可否认的是旅游营销方面的卓越人才仍旧缺乏。当代旅游管理专业大学生是未来中国旅游业不可或缺的中坚力量,必须努力学习,向上向善,做到笃行不怠守初心,踔厉奋发启新程。

实践实训

请调研一家本地旅游企业,分析其营销组织架构、营销管理方式和销售队伍激励政策等。

附录　国内旅游营销经典荟萃

国内旅游
营销经典
荟萃

参考文献

References

[1] 郑忠阳,张春华.旅游市场营销[M].成都:西南财经大学出版社,2021.
[2] 王宁,伍建海,廖建华.旅游市场营销实务[M].北京:清华大学出版社,2020.
[3] 李学芝,宋素红.旅游市场营销与策划——理论、实务、案例、实训[M].4版.大连:东北财经大学出版社,2021.
[4] 吕汝健,刘俊丽.旅游市场营销[M].北京:清华大学出版社,2014.
[5] 丁林,余珊珊.旅游市场营销[M].北京:机械工业出版社,2013.
[6] 赵西萍.旅游市场营销学[M].3版.北京:高等教育出版社,2020.
[7] 曲颖,李天元.旅游市场营销[M].2版.北京:中国人民大学出版社,2018.
[8] 李博洋.旅游市场营销[M].2版.北京:清华大学出版社,2019.
[9] 李光瑶,石斌.旅游市场营销[M].北京:清华大学出版社,2013.
[10] 胡海胜.旅游市场营销教程[M].北京:中国旅游出版社,2016.
[11] 邓卓鹏,李慧.旅游市场营销[M].长沙:湖南大学出版社,2018.
[12] 张云起.市场营销学[M].北京:高等教育出版社,2018年版.
[13] 菲利普·科特勒,约翰·T.鲍文,詹姆斯·C.麦肯斯.旅游市场营销[M].6版.谢彦君,李淼,郭英,等,译.北京:清华大学出版社,2017.
[14] 赵西萍.旅游市场营销学——原理·方法·案例[M].北京:科学出版社,2017.
[15] 苏健.旅游市场营销[M].北京:中国传媒大学出版社,2017.
[16] 郭英之.旅游市场营销[M].4版.大连:东北财经大学出版社,2017.
[17] 舒伯阳.旅游市场营销[M].2版.北京:清华大学出版社,2016.
[18] 宋国琴.旅游市场营销学[M].杭州:浙江大学出版社,2016.
[19] 阿拉斯泰尔·M.莫里森.旅游服务业市场营销[M].4版.李天元,主译.北京:中国人民大学出版社,2012.
[20] 谷慧敏,孙延旭.旅游市场营销[M].4版.北京:旅游教育出版社,2014.
[21] 朱美光.旅游市场营销学[M].3版.郑州:郑州大学出版社,2011.

教学支持说明

为了改善教学效果,提高教材的使用效率,满足高校授课教师的教学需求,本套教材备有与纸质教材配套的教学课件(PPT 电子教案)和拓展资源(案例库、习题库、视频等)。

为保证本教学课件及相关教学资料仅为教材使用者所得,我们将向使用本套教材的高校授课教师赠送教学课件或相关教学资料,烦请授课教师通过电话、邮件或加入旅游专家俱乐部QQ群等方式与我们联系,获取"教学课件资源申请表"文档,准确填写后反馈给我们,我们的联系方式如下:

地址:湖北省武汉市东湖新技术开发区华工科技园华工园六路

邮编:430223

电话:027-81321911

传真:027-81321917

E-mail:lyzjjlb@163.com

旅游专家俱乐部QQ群号:758712998

旅游专家俱乐部QQ群二维码:

群名称:旅游专家俱乐部5群
群　号:758712998

教学课件资源申请表

填表时间：_____年___月___日

1. 以下内容请教师按实际情况写，★为必填项。
2. 根据个人情况如实填写，相关内容可以酌情调整提交。

★姓名		★性别	□男 □女	出生年月		★职务	
						★职称	□教授 □副教授 □讲师 □助教

★学校		★院/系	
★教研室		★专业	
★办公电话		家庭电话		★移动电话	
★E-mail（请填写清晰）			★QQ号/微信号	
★联系地址		★邮编	

★现在主授课程情况	学生人数	教材所属出版社	教材满意度
课程一			□满意 □一般 □不满意
课程二			□满意 □一般 □不满意
课程三			□满意 □一般 □不满意
其 他			□满意 □一般 □不满意

教 材 出 版 信 息						
方向一		□准备写	□写作中	□已成稿	□已出版待修订	□有讲义
方向二		□准备写	□写作中	□已成稿	□已出版待修订	□有讲义
方向三		□准备写	□写作中	□已成稿	□已出版待修订	□有讲义

请教师认真填写表格下列内容，提供索取课件配套教材的相关信息，我社根据每位教师填表信息的完整性、授课情况与索取课件的相关性，以及教材使用的情况赠送教材的配套课件及相关教学资源。

ISBN(书号)	书名	作者	索取课件简要说明	学生人数（如选作教材）
			□教学 □参考	
			□教学 □参考	

★您对与课件配套的纸质教材的意见和建议，希望提供哪些配套教学资源：